投资者行为视角下货币政策
对股票市场影响的研究

隋云云　著

科学出版社

北京

内 容 简 介

货币政策的传导机制一直以来都是学术界研究的一个热点,传统的货币政策理论认为,在市场有效且投资者理性的前提下,货币政策能够借助利率、信用及资产价格等手段对社会经济产生影响,从而达到稳定物价和维持经济发展的目的。然而大量理论实践证明,投资者行为在货币政策的传导过程中起着重要的作用,因投资者的心理会影响投资者的行为,所以,本书将投资者情绪作为投资者行为的代理变量,采用理论研究和实证研究相结合的方法,通过将投资者情绪纳入货币政策的股票市场传导过程中来深入研究投资者情绪对货币政策的股票市场传导过程的影响。

本书可供高等院校师生、金融从业人员、证券投资者及对金融市场感兴趣的广大读者阅读和参考。

图书在版编目 (CIP) 数据

投资者行为视角下货币政策对股票市场影响的研究/隋云云著. —北京:科学出版社,2019.1
 ISBN 978-7-03-059440-2

Ⅰ. ①投… Ⅱ. ①隋… Ⅲ. ①货币政策-影响-股票-市场-研究-中国 Ⅳ. ①F822.0 ②F832.51

中国版本图书馆 CIP 数据核字(2018)第 252044 号

责任编辑:马 跃 李 嘉/责任校对:贾娜娜
责任印制:张 伟/封面设计:无极书装

科 学 出 版 社 出版
北京东黄城根北街 16 号
邮政编码:100717
http://www.sciencep.com

北京虎彩文化传播有限公司 印刷
科学出版社发行 各地新华书店经销
*
2019 年 1 月第 一 版 开本:720 × 1000 B5
2019 年 1 月第一次印刷 印张:9
字数:181 000

定价:72.00 元
(如有印装质量问题,我社负责调换)

前　言

　　货币政策的传导机制一直以来都是学术界研究的一个热点，传统的货币政策理论认为，在市场有效且投资者理性的前提下，货币政策能够借助利率、信用及资产价格等手段对社会经济产生影响，从而达到稳定物价和维持经济发展的目的。但经济学家在论及货币政策传导效应时的一个基本前提假设是投资者理性。

　　经典的金融理论认为，市场中的投资主体是理性的，并且资产价格能够完全反映其基本价值。然而，各种无法解释的金融异象的出现对经典金融理论产生了巨大冲击，从而促使经济学家对传统金融学的基本前提假设进行了更为深入的思考，他们认为现实的金融市场比较复杂，与假设相去甚远。并且越来越多的证据表明，金融市场并未完全按照经典金融理论假设运行，作为金融市场主体的投资者，他们的心理会影响其行为进而影响金融市场。Kahneman 和 Tversky 于 1979 年通过实验验证了大部分投资者并不是完全理性的，而是有限理性的，并根据这个观点提出了展望理论。此后随着行为金融学的不断发展，投资者的非理性行为受到了人们越来越广泛的关注。人们发现，投资者的非理性行为会引起金融市场波动进而影响企业的投资行为，因此，研究投资者情绪在货币政策对股票市场波动影响中的作用显得尤为重要。而货币政策变化本身也能够引起投资者情绪的变化，所以，有必要进一步研究货币政策变化引起的投资者情绪对股票市场波动的影响。本书有助于中央银行（以下简称央行）更加准确地预测货币政策效果，从而更加精准高效地制定货币政策，同时也为投资者的投资决策提供一定的参考依据。

　　投资者行为、心理是行为金融学的研究内容，主要表现为投资者情绪，通过对它进行研究可以更进一步了解中国股票市场上参与者的投资行为。另外，关于货币政策是否应该对资产价格的波动做出反应也一直是经济学家们比较关心的话题，而资产价格不只与经济的基本面、货币政策有关，还与投资者情绪有关，投资者情绪会引起金融市场的波动，从而对实体经济产生影响，因此，本书主要进行以下几方面的研究。

　　首先，对投资者情绪进行定义，并指出单一代理指标的解释力、预测力都存在着明显的不足，因此，需要构造比较稳定的投资者复合情绪指数。利用主成分分析法构造出投资者复合情绪指数，投资者复合情绪指数构造的关键在于三点：代理变量的选取；样本数据的选取；投资者复合情绪指数的选取原则。

（1）本书在构造投资者复合情绪指数时，根据我国股票市场的特点及数据的可得性，选取市场换手率、投资者开户增长率、封闭式基金折价率、首次公开募股（initial public offerings，IPO）数量及新股上市首日收益率这五个投资者情绪代理变量，对于这五个投资者情绪代理变量及其滞后项，利用主成分分析法，并采取贡献率原则和碎石图原则，构造出投资者复合情绪指数的中间指标。

（2）将上述五个投资者情绪代理变量及其滞后项分别与投资者复合情绪指数的中间指标进行相关性分析，以选出相关性更强的指标作为投资者复合情绪指数的构成指标。

（3）因为投资者情绪可能受宏观经济的影响，这部分影响属于理性变化，所以从这五个相关性更强的投资者情绪代理变量中将宏观因素的影响剔除，宏观经济因素方面选取居民消费价格指数（consumer price index，CPI）、宏观经济景气预警指数（macroeconomic warning index，WAI）、工业品出厂价格指数（producer price index，PPI）作为其代理变量，利用回归分析的方法，对上述五个相关性更强的投资者情绪代理变量进行回归，以其残差作为新的投资者情绪代理变量，再利用主成分分析法将得到的多个新的投资者情绪代理变量进行降低维数处理，最后得到复合指标。

其次，验证投资者情绪在货币政策影响股票市场波动的过程中确实发挥着一定的作用。该过程主要通过对比考虑投资者情绪和不考虑投资者情绪这两种情况下，货币政策对股票市场波动的影响，从而考察投资者情绪在这个过程中的作用，通过对比分析发现以下几点结论。

第一，股票市场低迷期（即熊市），投资者情绪的存在使得提高存款准备金率变动的货币政策将股票市场收益的下降幅度增大、上升幅度减小；投资者情绪的存在还使该货币政策加剧了股票市场波动幅度，导致股票市场波动的累积响应先上升后下降，最终累积响应为负，但如果没有投资者情绪的话，提高存款准备金率变动的货币政策对股票市场波动的累积响应将一直为正，即提高存款准备金率的货币政策使得股票市场波动上升。投资者情绪的存在尽管加大了股票市场波动的幅度，但是长期看来，其能够降低股票市场波动的频率。通过对比考虑和不考虑投资者情绪的情况发现，在不考虑投资者情绪的情况下，增加货币供给，短期会使股票市场收益上升，股票市场波动下降。但投资者情绪的存在，使得增加货币供给的货币政策对股票市场收益影响的累积响应直接下降，经过一段时间调整后，才会呈现出正响应，而股票市场波动短期下降，长期的累积响应为正，即长期来看，投资者情绪使得股票市场收益的提高出现了滞后，且尽管短期稳定了股票市场（即股票市场波动下降），但长期股票市场波动仍然会上升。由此可见，在考虑投资者情绪的情况下，不同的货币政策其效果是不同的，提高存款准备金率，短期内股票市场收益下降，股票市场波动增加，但长期来看股票市场收益会上升，股票市场波动也会减少，即该项货币政策的短期效果不明显但长期有效；增加货币供给，短期内尽管股票市场收益会下降但能稳定股票市场，从长期来看，会加剧股票市场波动同时股票市场收益也将上升。

第二，股票市场高涨期（即牛市），投资者情绪对存款准备金率调整和货币供给调整所起的作用与股票市场低迷期类似。如果不考虑投资者情绪，提高存款准备金率对股票市场收益影响的累积响应将先下降后上升，但投资者情绪的存在，使得该影响下降的幅度变大而上升的幅度变小；投资者情绪使得该货币政策对股票市场波动影响的累积响应呈现出先上升后下降的趋势，最终累积响应稳定在负值。在考虑投资者情绪的情况下，提高存款准备金率的货币政策，短期会使得股票市场收益下降，股票市场波动上升，长期来看，股票市场收益是上升的，且股票市场波动下降，即该货币政策尽管短期效果不明显，但长期效果显著，可以提高股票市场收益，降低股票市场波动，达到稳定股票市场的效果。增加货币供给的货币政策，在不考虑投资者情绪的情况下，股票市场收益的累积响应先上升后下降，股票市场波动的累积响应持续下降。但考虑投资者情绪，股票市场收益的累积响应会呈现先下降后上升的趋势，而股票市场波动的累积响应在短暂下降后会上升。可见在投资者情绪的作用下，短期股票市场收益和股票市场波动均呈现出了下降的趋势，即该项货币政策短期会达到稳定股票市场的效果，但长期来看，股票市场波动会上升但同时股票市场收益也会呈现上升趋势。

最后，我们研究货币政策引起的投资者情绪对股票市场波动的影响。

（1）对货币政策对投资者情绪的影响进行实证分析，主要采用马尔可夫区制转换-向量自回归（Markov-switching vector auto-regression，MS-VAR）模型将中国股票市场划分为两个状态，即股票市场高涨期和股票市场低迷期。本书分别研究在股票市场的不同状态下货币政策对投资者情绪的影响：股票市场高涨期，货币供给增速对投资者情绪产生正影响，而存款准备金率上升对投资者情绪产生负影响，即增加货币供给会使投资者情绪上升，而提高存款准备金率会使投资者情绪下降；在股票市场低迷期，货币供给增速和存款准备金率上升对投资者情绪均产生负影响，即在股票市场低迷期，增加货币供给会使投资者情绪下降，而降低存款准备金率会使投资者情绪上升。可见在股票市场低迷期，实行降低存款准备金率的扩张性货币政策对投资者情绪影响较大。另外，本书还验证了货币供给增速对投资者情绪的影响确实具有非对称性，即在股票市场高涨期和股票市场低迷期，货币供给增速对投资者情绪影响的非对称性能通过显著性检验，但是存款准备金率变化对投资者情绪的影响却不具有非对称性，即认为存款准备金率变化对投资者情绪的影响与股票市场所处的市场状态无关。

（2）讨论货币政策引起的投资者情绪对股票市场波动的影响并进行实证分析，用 MS-VAR 模型分析在中国股票市场的不同状态，投资者情绪与股票市场收

目　　录

第1章 绪 论

1.1 本书写作的背景及意义

1.1.1 本书写作背景

中国的货币政策历来是四个目标：低通货膨胀率、保持适度的经济增长、创造适度的就业机会和保持国际收支平衡。为了实现上述目标，我国的货币政策也在不断地发生着改变。中国的经济在经历过 1998 年亚洲金融风暴之后，一直面临着通货紧缩的压力，为了缓解通货紧缩压力，央行采取了稳健的货币政策。直至 2003 年，为了抑制经济增长过快带来的通货膨胀压力，央行对货币政策进行了调整，适当地缩紧银根，多次上调存款准备金率和人民币存款基准利率（以下简称利率）。2004 年，我国的宏观调控趋向于"进中求稳"，而到了 2005 年，宏观调控采取了"双稳健"的政策，坚持"稳中求进、稳中保进"的原则。

2007 年，中国经济出现过热苗头，价格上涨压力加大，此时央行实行的货币政策主要以紧缩为基调，一年内数次上调存款准备金率和利率。但是 2008 年，国际上美国次贷危机持续发酵，危害全球经济，国内突发的汶川地震对我国经济造成了巨大损失。国内外形势严峻，对我国经济造成了巨大的影响。紧缩的货币政策已经不利于经济的发展，为了应对国内外的形势变化，我国的宏观经济政策也进行了相应的调整。我国的货币政策已经从紧缩的货币政策转变为适度宽松的货币政策。为了促进经济的适度稳定增长，2008 年下半年，央行连续释放宽松的货币政策信号，多次下调存款准备金率和利率。直到 2010 年，随着国内通货膨胀压力加剧，货币政策也发生了相应的改变，我国采取了稳健的货币政策，将稳定物价、抑制通货膨胀作为年内经济发展的首要任务。2011 年，欧债危机持续恶化，在国内外多重因素的影响下，该年度中国的经济增长率逐季下降，但仍然是全球增长率最高的经济体，中国经济总量在全球的地位于 2010 年就发生了重大变化，超过日本成为全球第二大经济体。但是，中国的人均国内生产总值（gross domestic product，GDP）依然较低，人均收入水平赶超发达国家、实现共同富裕仍需要相当长的一段时间。2010 年第四季度之前，为了抑制通货膨胀率的持续上升，防止经济过热，我国有针对性地对货币政策进行了适度的调整，也就是将我国的货币政策转为稳健的货币政策。稳健的货币政策的基本目标是对货币供应总量进行适度控制，对其中的信贷总量要严格控制并优化信贷结构，有效防范系统性金融风险。2012～2015 年，央行继续实行稳健的货币政策，以保持政策的连续性和稳定性，但相对于 2011 年，为了保证信贷总量的合理增长，经济的稳定健康发展，央行于 2012 年，预期性地对存款准备金率和一年期利率连续进行了适当调整，我国稳健的货币政策发挥了积极有效的作用。通过上面的分析不难得出，货币政策在 2008 年是一个转折点，另一个转折点是 2011 年。1998～2007 年，我国一直实行稳健的货币政策，是因为稳健的货币政策具有灵活性，有助于相关部门更加积极妥善地处理好稳增长、调结构和防通货膨胀三者之间的关系。1998～2002 年这五年的货币政策主要目标是控制通货紧缩，而在其后的 2003～2007 年这五年的货币政策主要目标是有效抑制通货膨胀。2008 年全球金融危机爆发后，中国连续采取适度宽松的货币政策。2011 年的货币政策是从适度宽松转变为稳健。2012～2015 年中国实施的是积极的财政政策和稳健的货币政策。

Bernanke 和 Kuttner[1]认为货币政策是否实现最终目标，是通过如产量、就业和通货膨胀等宏观经济变量表现出来的。然而，利率等货币政策工具对这些变量的影响并不是直接的，它最直接的影响表现在金融市场上。政策制定者要想达到他们的最终目标，可以通过影响资产的价格和收益来调整其经济行为。

我国的金融市场自成立以来，迄今为止只有短短的二十余年。上海证券交易所于 1990 年在上海挂牌营业，随后深圳证券交易所在深圳也开始营业，这两个证券交易所的挂牌营业，意味着我国的资本市场大门已经敞开。随着改革开放的不断深入，股票市场也迅猛发展起来。在这短短数十年间，股票市场对中国的经济发展和社会主义建设起到了重要作用。历史告诉我们，股票市场的稳定对经济的健康稳定发展起着至关重要的作用。然而，我国的股票市场变化较大，从 2001 年的 1 月开始，股票市场呈现出了上涨的态势，直到 2001 年的 6 月底，上海证券综合指数（以下简称上证综指）达到了 2218 点，随后股票市场开始回落。但是，在 2005 年进行的股权分置改革使得股票市场再次上涨，上证综指从 2005 年 6 月底的 1000 点左右，一路上涨到 2007 年 10 月的 6124 点的历史高位，日均成交量持续放大。随后，美国次贷危机发生并逐步演变成为全球性的金融危机，对全球经济产生了巨大的冲击，中国的股票市场也一路下挫，上证综指在 2008 年的 9 月底达到了 2293 点，成交量也持续萎缩。随着政府采取的各项措施，如 2009 年的 4 万亿元政府投资计划及宽松的货币政策，股票市场再次上涨，但是涨幅不大。2010 年 8 月和 9 月，上证综指始终在 2500～2700 点徘徊，在这之后逐步上升，到 2011 年的 2 月和 3 月达到短期高点——2900 点，之后又一路下挫到 2199 点。2012 年至 2014 年 10 月底大盘处于调整阶段，上证综指徘徊于 1900～2400 点，此后，上证综指一路上涨到 2015 年 6 月的 5178 点，此后，随着全球经济恶化、复苏乏力，上证综指又进入了下跌通道，到 2016 年 1 月底，到达了短期的低点

——2638 点, 从此, 股票市场又进入了震荡调整阶段。

从上述分析可以看出: 一方面, 股票市场的繁荣发展势必会引起大量投机行为的产生。这些行为的发生会加剧股票市场的波动, 增大市场风险。另一方面, 股票市场的波动, 不仅是由市场本身来决定的, 更多时候, 市场会对政府的政策做出相应的反应, 实际上就是投资者猜测政府的政策意图, 从而在资本市场上进行博弈。我国股票市场作为新兴市场, 由于起步比较晚, 与欧洲和美国等国家与地区相比, 各项相关法律、制度的建设和监管措施都有待进一步完善。对投资者而言, 金融市场上的投资品种和投资数量也比较有限。我国股票市场的投资者, 更容易受到货币政策等相关政策的影响, 甚至是对这些政策的反应会更加不理性。

货币政策主要是通过货币供应量和利率这两个主要货币政策工具来影响股票市场的: 货币供应量增加, 投资者会将更多的货币投入到股票市场, 从而使得股票价格上涨; 根据流动性偏好理论, 利率上升, 投资者持有的货币量下降, 从而投资者将减少其在股票市场上的投入, 股票的需求量下降, 造成了股票价格的下降。股票市场对货币政策的传导, 以及对通过货币政策来调控国民经济起到了重要的作用, 股票市场在很大程度上会影响货币政策的有效性。然而, 经典金融理论的一个基本前提假设是投资者是理性的, 并且资产的价格能够完全反映其基本价值。但是金融市场上出现的越来越多的异象对经典的金融理论产生了巨大冲击, 这也促进了金融学家对传统金融学进一步的认识与发展, 并认识到了市场参与者的非理性行为。Kahneman 和 Tversky[2]通过实验验证了大部分投资者不是完全理性的, 而是有限理性的。他们的心理会影响其投资行为, 因此也不能有效规避风险, 由此产生了行为金融学。

行为金融学理论以投资者行为作为研究对象, 基于投资者心理、行为等方面, 从社会学角度来解释金融异象问题。Black[3]首次提出了 "噪声交易者" 的概念, 由此学者们开始了对投资者情绪的讨论。那么投资者情绪在货币政策对股票市场波动影响的过程中会使影响结果发生怎样的变化, 货币政策会对投资者情绪产生怎样的影响, 投资者情绪及货币政策变化引起的投资者情绪会对股票市场波动起到怎样的作用等一系列问题都亟待研究和解决, 这也正是本书所要讨论的话题。

1.1.2 本书写作意义

股票市场对货币政策的反应一直是学术界研究的热点, 但是随着行为金融学的发展及噪声交易者概念的提出, 投资者情绪已经成为解释金融市场异象的基础, 投资者行为在很大的程度上也会受到投资者情绪的影响, 那么投资者情绪在货币政策影响股票市场波动的过程中必然会起到一定的作用, 因此, 有必要考虑在货币政策影响股票市场波动的过程中投资者情绪所起的作用。因为货币政策本身也会影响投资者情绪，所以，可以进一步研究货币政策对投资者情绪及股票市场波动的影响。

不同的学者利用不同的方法来研究货币政策和股票市场的关系。马尔可夫区制转换模型首次由 Hamilton[4] 在 1989 年用于研究美国的经济周期，随后一些学者关于非线性时间序列模型的研究，如 Robertson 等[5]、Cecchetti 等[6]、Schwert[7]、Garcia 和 Perron[8]、Jennie 和 Robert[9] 及 Kim 和 Nelson[10] 等，深化了马尔可夫区制转换模型在实际中的应用。马尔可夫区制转换模型在金融计量中有着重要的应用，能够捕捉到金融时间序列中可能存在的结构性变化，也有学者利用该模型研究货币政策对股票市场的影响，但是在研究这一问题的过程中没有考虑投资者情绪所起的作用，本书试图弥补这一空白，在研究货币政策对股票市场波动影响的同时考虑投资者情绪因素。本书拟构建 MS-VAR 模型来考虑投资者情绪在货币政策影响股票市场波动过程中的作用，以及货币政策引起的投资者情绪对股票市场波动的影响。因此，本书的研究意义如下。

（1）将投资者情绪纳入货币政策对股票市场波动影响的研究中可以完善相关金融理论，这具有较强的理论价值，而且具有一定的现实意义。我国金融市场成立的时间较短，随着金融市场的发展及金融工具的日益丰富，金融市场在货币政策的传导上也发挥着越来越大的作用，而且投资者的心理会直接影响他们的投资行为，进而影响资产价格。因此，在货币政策影响股票市场波动的过程中，投资者情绪（投资者心理）起到了极为重要的作用。研究投资者情绪在货币政策影响股票市场波动过程中的作用，首先，可以为了解货币政策的股票市场传导机制打下坚实的基础；其次，将投资者情绪因素纳入到金融市场的范畴来考虑金融市场的运行更为实际，本书的相关研究能够丰富行为金融学理论；最后，目前国内关于货币政策对投资者情绪影响的研究相对较少，开展这方面的研究，可以为相关人员进一步了解货币政策的传导机制提供一定的理论基础。

（2）研究投资者情绪和股票市场之间的关系能够为市场参与者、市场监管者与政策制定者提供更多的指导。我国的股票市场相较于欧洲和美国发达国家与地区而言，成立的时间较短，各项制度和监管机制也不完善，市场信息不对称，而且股票市场中的投资者存在各个方面的差异，如文化教育程度、信息掌握程度、风险偏好程度等，这些差异都会造成投资者对市场过度反应或反应不足等现象，从而造成股票价格不能真实反映其基本价值及市场的剧烈波动。因此，金融监管者可以在考虑投资者情绪的情况下，制定和完善比较合理的监管政策与投资者教育计划，引导投资者加强对自身非理性行为的认识，使其形成正确的投资意识，以维护我国金融市场稳定。

1.2　本书写作目标及思路

本书写作的主要目标是：研究在投资者行为视角下的货币政策对股票市场的影响。投资者情绪会影响投资者的投资行为，因此，选取投资者情绪作为投资者行为的代理变量，考察货币政策对投资者情绪的影响及货币政策引起的投资者情绪对股票市场波动的影响，并对其进行理论分析及实证分析。本书主要思路如下。

在科学界定投资者情绪内涵的基础上，首先，对货币政策对投资者情绪影响、投资者情绪对股票市场波动影响及货币政策对股票市场波动影响的传导机制进行理论分析。其次，利用实证分析方式，分析和检验投资者情绪在货币政策影响股票市场波动过程中确实起到了一定的作用，并且进一步检验这种作用的非对称性。最后，对货币政策对投资者情绪及股票市场波动的影响进行实证分析，主要分两步来进行：第一步，先考虑货币政策对投资者情绪的影响，并且验证这种影响是否与股票市场所处状态有关（即股票市场处于高涨期还是低迷期）；第二步，考虑货币政策引起的投资者情绪对股票市场波动的影响，构建马尔可夫区制转换模型来考虑股票市场处于不同市场状态时，投资者情绪和股票市场收益、股票市场波动之间的动态关系。

1.3　本书的研究方法

本书主要运用理论研究和实证分析相结合、定性分析与定量分析相结合的方法来进行研究。

理论研究方法方面，本书主要分析货币政策引起的投资者情绪对股票市场波动的影响。在此之前，分析投资者情绪对货币政策影响股票市场波动是有一定作用的。由货币政策的广义信贷传导过程发现，投资者情绪在这个传导过程中起着极其重要的作用，并分析货币政策对投资者情绪影响的传导途径。在整个分析过程中，首先，分析货币政策如何影响投资者情绪，通过怎样的途径来影响投资者情绪。通过分析发现，货币政策主要通过利率、信贷、货币供应量等途径对投资者情绪产生影响，使其发生改变。其次，进一步分析这种情绪又是通过什么途径影响股票市场的，由我国目前股票市场的特点及 DSSW 模型，提出了一个单期DSSW 模型，据此分析投资者情绪对股票市场影响的途径。最后，分析货币政策对股票市场的影响，根据现金流模型的分析，货币政策主要通过利率、信贷及货币供应量等途径来影响股票市场。

实证分析方法方面，实证分析以定量分析为主，主要利用统计学和计量学的方法来进行分析。首先，根据投资者情绪的相关理论对投资者情绪进行量化，单一的投资者情绪代理变量的解释力比较弱，理解力和实用性也比较差，因此，本书利用主成分分析法来构造一个对投资者情绪具有更强解释力的指标，并将其作为投资者情绪的代理变量。其次，采用 MS-VAR 模型和对比分析的方法，通过比较与分析考虑和不考虑投资者情绪的情况下，货币政策变化对股票市场波动、股票市场收益的影响结果，以验证投资者情绪对货币政策影响股票市场波动的作用。最后，对货币政策引起的投资者情绪对股票市场波动的影响进行实证分析，主要分两步进行：第一步，利用马尔可夫区制转换模型将中国股票市场划分为两个区制，利用回归分析的方法，分别研究这两个区制中的货币政策对投资者情绪的影响，分析在股票市场的高涨期和低迷期，这种影响是完全不同的。然后利用回归分析的方法，估计出由货币政策引起的投资者情绪变化。第二步，构建 MS-VAR模型，对中国股票市场不同状态下由货币政策引起的投资者情绪与股票市场波动、股票市场收益之间的动态关系进行实证分析。

1.4　本书写作的研究资料及来源

1.4.1　投资者行为

投资者是金融市场上的主体，他们是生活在特定社会环境中的、具体的、现实的人，他们在金融市场上的行为被称为投资行为，且该行为与其他社会行为是一样的，都具有社会属性。我国股票市场上的投资者有两大类：机构投资者和个人投资者，本书中提到的投资者囊括了上述两类投资者，既包括个人投资者也包括机构投资者，是指一般意义上的投资者。

而对于行为的内在机理，其涉及范围比较广泛，门类也比较多，具体可从社会学、心理学和社会心理学等领域进行考察，不同的学派对行为有不同的解释。其中比较著名的有"效用理论最大化假设"，但是诺贝尔经济学奖获得者西蒙则对此进行了批判，他从信息获得方面进行了研究，认为投资者在进行选择的时候，面临着信息不完全的问题，因此投资者在进行行为选择的时候，存在着偏离效用最大化的非理性行为，其在进行行为选择时表现出来的只是有限理性，由此导致了后来的行为经济学家开始沿着这一心理因素现实化的方向来寻求投资者行为决策理论的微观基础。而有限理性也成了这一微观基础的核心。其中最著名的当属1979 年，Kahneman 和 Tversky 提出的展望理论，该理论认为大部分投资者并不是完全理性的，而是有限理性的，他们的心理会影响其投资行为，因此，投资者并不能有效地规避风险。de Bondt 和 Thaler[11]研究了人类的过度自信这一心理特性，发现过度自信是人类比较稳固的一个心理特征，而这一心理特性会使投资者的投资行为偏离理性轨道。

综合上述讨论,我们对投资者行为有了如下认识。

第一,投资者在进行投资时是以收益最大化为目的的,并力图做到理性决策,但是这一理性决策会受到许多如社会因素、个人偏好等客观因素的影响。投资者在进行投资时是按照自己对市场的预测来进行的,但是在充满不确定的市场中,这一预测往往会受到诸多因素的影响,同时伴随着一定的风险。

第二,对于投资者本身而言,他们是理性和非理性的结合体,可能在某些条件下,投资者会表现出理性行为,但在另一些条件下又表现出非理性行为,而他们的理性或非理性行为既会受到社会因素的影响,也会受到自身心理因素的影响。

第三,投资者的行为具有一定的随机性,但是当这种随机性由众多投资者表现出来时,其就会呈现出一定的规律性。

1.4.2　股票市场波动

在金融市场的运行过程中,金融经济学家关注的一个焦点就是股票市场波动。1989 年,Becketti 和 Sellon[12]认为股票市场的短期波动由正常性波动与跳跃性波动两方面组成,其中,正常性波动是指股票价格的正常波动,而跳跃性波动是指股票价格突发的、偶然性的变动,这种变动可能会出现极端情况。但从股票市场的长期运转来看,股票的价格波动也是由两方面因素导致的:一方面是股票的基础价值发生了改变,由此导致股票价格的变化;另一方面是随机因素导致的股票价格的变化,而这里面的随机波动最主要是由作为投资主体的交易者行为引起的。

我国股票市场的投资者主要分为两类:机构投资者和个人投资者。对机构投资者而言,在短期内他们可以利用跳跃性波动进行交易策略设计,但是对个人投资者而言,其由于自身专业知识的匮乏,不具备策略设计技巧。不论是在股票市场的交易运行中还是在股指期货市场的交易运行中,机构投资者掌握的专业性技巧,能够使股票市场更容易出现跳跃性波动。朱伟骅和廖士光[13]认为“跳跃性波动能够激起‘瀑布效应’(cascade effect),当股票市场下跌,组合避险者卖出股指期货以降低持股比例,期货的卖压使股指低于理论价格,计算机程序认为有套利机会,进而买进股指同时卖出股票,致使股票市场再度下跌,继而又触发了避险者的期货卖压,如此恶性循环,终于使股票市场大跌”。

由上述分析可以发现,引起股票市场波动的原因主要有两方面:一方面是市场交易机制;另一方面是信息对投资者的影响,投资者作为市场交易主体,他们的心理会影响其行为,由此影响其交易行为,究根结底,他们的心理及行为会受到各种信息的影响。

1.4.3 货币政策对投资者情绪及股票市场波动的影响

最早开始对货币政策和股票市场关系进行研究的是 Sprinkel，Sprinkel[14]运用图形法研究了 1918~1963 年货币供应量和股票市场价格之间的关系。他通过图形发现，股票市场价格的峰值总是滞后于货币供应量的峰值。因此他认为，可以利用货币供应量来预测股票市场的价格。此后，Keran[15]、Homa 和 Jaffee[16]、Hamburner 和 Kochin[17]研究发现，股票市场收益对货币政策变化具有滞后效应。Keran[15]利用 1956~1970 年第二季度的季度数据，采用回归分析的方法研究了货币供应量和标准普尔 500（standard & Poor's，S&P 500）指数之间的关系，发现股票市场数据滞后于货币供应量，因此他认为，货币供应量能够用来预测股票市场的价格。Homa 和 Jaffee[16]研究了货币供应量与股票指数之间的关系，认为货币数量的变化会对股票价格产生显著的影响，并论证了货币供应量和股票指数之间的这种关系作为投资策略预测工具的有效性。Hamburger 和 Kochin[17]用货币数量作为货币供给的测度，认为货币供应量主要通过对利率及企业未来盈利水平的间接影响而对整个股票市场产生影响，并且尝试估计投资者信心对股票市场价格整体水平的影响。

相反，Rozeff[18]、Pesando[19]、Cooper[20]、Rogalski 和 Joseph[21]认为，过去的货币供应量的变化对股票市场收益并没有明显的预测能力。Rozeff[18]利用股票市场收益对货币供应变量的回归及基于货币供应量的交易规则，检验了股票市场对货币供应量的效率，结果表明，股票市场收益与过去的货币供应量增长率无关，当期的股票市场收益与当期的货币供应量增长率有显著的关系，但是在这个关系的基础上投资者并不能获得超额收益，除非能提前知道货币供应量增长率。股票市场收益并不滞后于货币供应量增长率，当前股票价格变化的很大一部分与当期的货币政策有关，另外一个重要部分反映了股票市场对未来货币政策的预期。Cooper[20]指出股票市场收益导致了货币供应量的变化，它们并不滞后于货币供应量的改变，同时还发现货币供应量的变化确实对股票市场收益产生了重要的影响。Rogalski 和 Joseph[21]在 Rozeff 的基础上，进行了进一步的研究，并发现不是股票价格滞后于货币供应量，而是股票价格影响了货币供应量。Berkman[22]将货币供应量变动进行分解，分解为可预期变动和不可预期变动两部分，通过研究发现，可预期的货币供应量变动不会引起股票价格的变化，而不可预期变动会使股票价格发生变化。Pearce 和 Roley[23]发现并没有证据显示股票市场能够对通货膨胀与实体经济的消息做出反应。Hashemzadeh 和 Taylor[24]检验了货币供应量与股票价格及利率与股票价格之间的统计关系。他们利用格兰杰-西姆斯（Granger-Sims）检验发现，货币供应量变动能够引起股票价格的变动；反之亦然，但是对于股票价格和利率之间的关系却不尽然。Bernanke 和 Blinder[25]，将美国联邦基金利率

（federal funds rate）作为货币政策的度量指标，并指出该指标将作为货币政策变量的有效性，且使用美国联邦基金利率重新检验了货币政策和股票市场收益的关系。Thorbecke[26]和 Patelis[27]假设股票价格等于未来净现金流的预期现值。研究发现，积极的货币政策冲击能够增加股票市场收益，证据表明扩张的货币政策能够通过增加未来现金流或降低这些现金流的贴现因子产生实际影响，并且货币政策对股票市场收益影响较大，货币政策的变化有助于解释美国股票市场收益的变化。Conover 等[28]发现许多工业化国家的股票市场收益与本国的货币政策关系显著，同时这些工业化国家的股票市场收益还会受美国货币政策的影响。Bernanke 和 Kuttner[29]分析了美国联邦基金利率中未预期到的变化对股票价格的影响，以此来了解市场的反应及其原因。他们经过研究发现这种非预期的货币政策变量通过股票溢价的变化对股票价格产生了显著的影响。Rigobon 和 Sack[30]设置了一个基于股票市场收益的异方差识别法来研究美国货币政策对股票市场的反应，指出了股票市场的活动会使短期利率发生与股票价格改变同方向的变化，他们发现货币政策对股票市场的反应比较显著。Boyd 等[31]指出股票市场对失业率是否做出反应取决于经济运行状态。Bernanke 和 Kuttner[1]研究了意外的货币政策对股票价格的影响，结果表明，股票市场对货币政策的反应主要由联邦储备基金的目标利率发生的不可预期的变化引起，还指出投资者的心理在股票投资者对货币政策的反应上起到了显著的作用。Chen[32]利用马尔可夫区制转换模型研究了货币政策对股票市场收益的非对称效应，利用 S&P 500 指数的月度收益数据进行实证分析发现，货币政策在股票市场低迷期对股票市场收益影响较大，此外还指出紧缩的货币政策加大了股票市场高涨期、股票市场低迷期转换的可能性。

Basistha 和 Kurov[33]在他们的研究中指出，经济处于衰退时期或市场处于信贷紧缩的情况下，股票市场对货币政策的反应会更加强烈，也就是说货币政策会对投资者情绪产生更大的影响。Kurov[34]利用回归分析法，研究货币政策对情绪的影响是否依赖市场状态，其中在情绪指标选取方面，选取了两个测度指标：一是利用主成分分析法构造的复合情绪指数；二是利用投资者智能指数构造的指标。在股票市场低迷期，货币政策变化对股票市场收益和投资者情绪有相同方向的影响效应，而在股票市场高涨期，货币政策变化对投资者情绪和股票市场收益影响较小。

中国的股票市场起步比较晚，故国内关于货币政策和股票市场的关系研究开始的也比较晚，唐齐鸣和李春涛[35]利用向量自回归（vector autoregression，VAR）模型研究了货币政策与股票收益之间的关系，并探讨了在中国转型期货币政策对股票市场的影响，结果发现，货币政策对股票市场的影响主要通过货币供应量的变动产生作用。中国人民银行研究局课题组[36]于 2002 年运用多元线性回归模型分析了我国股票市场发展对货币需求的影响，研究结果表明，央行的货币政策应该关注股票市场价格波动，但是其不能作为货币政策制定的决定因素之一。孙华妤和马跃[37]于 2003 年利用动态滚动式的计量方法来研究中国的货币政策与股票市场的关系，研究结果发现，中国的货币政策要想通过股票市场影响宏观经济运行，货币政策工具只能选取利率，因为利率对股票价格影响显著，而不能选取货币数量，因为货币数量对股票市场没有影响。郭金龙和李文军[38]于 2004 年利用多元回归分析方法建立了一种新的套利定价模型来揭示股票价格与微观及宏观因素的关系，模型结果表明，股票的均衡价格随利率的上升而下降，且其短期效应较小，而中期效应较大，说明股票市场对利率的反应具有一定的滞后性。2007 年，袁靖[39]基于泰勒型规则估计了我国考虑股票市场资产价格泡沫的货币政策反应函数，研究结果发现，我国在制定货币政策时对资本市场的价格波动赋予的权重较小，应对金融风险的能力比较弱。2008 年，徐涛[40]提出，股票市场会对货币政策效率产生影响这一点是毋庸置疑的，但是在货币政策的传导过程中，实施的主体是微观经济个体。因此，如果微观经济个体能够按照货币政策当局的意愿来进行资产调整，那么货币政策会达到其目的。故其将股票市场因素加入到微观经济个体的行为函数中，以此来考察股票市场对市场中微观经济个体的行为及货币政策效率的影响。

李稻葵等[41]于 2009 年利用扩展的货币数量论方程和菲利普斯曲线，建立了一个包含市场情绪、资产价格等因素的货币政策理论模型，讨论了市场情绪在货币政策对经济影响中的作用，认为它在这个过程中起到了极为重要的作用，在制定相应政策时应该对此加以考虑。2012 年，谢明昉[42]对我国的货币政策和股票市场进行了研究，并发现了它们之间的关系。首先，货币政策冲击能够解释我国实际产出的绝大部分，即认为货币政策冲击对经济的影响是显著的；其次，检验了股票市场的波动率和收益率之间的关系，并发现我国股票市场的收益率和波动率之间有着显著的关系，长期来看，波动率会随着收益率的增加而增加，即收益率对波动率产生显著的正向作用，随着收益率的增加，市场的波动率也会增大。反过来，波动率对收益率的影响分为两部分：可预期的和不可预期的，可预期的波动率会对收益率产生正向效应，即收益率会随着可预期波动率的增加而增加，但是不可预期的波动率对收益率产生了负向效应，即收益率随着不可预期波动率的增加呈现了下降趋势。2012 年，杨新松[43]对我国货币政策的股票市场传导机制进行了研究，在书中他认为学者在股票市场收益、价格与实际经济活动之间存在着内在联系这一点已经达成了共识，并进一步得到了货币政策的股票市场传导机制，认为货币政策通过影响微观经济个体行为和宏观金融环境，进而影响股票市场，从而对实体经济产生影响。2013 年，寇明婷[44]以货币政策的传导理论为基础，应用格兰杰因果分析、高频事件研究等计量方法，对股票市场对货币政策调整的反应进行了理论和实证分析。郑鸣等[45]于 2011 年利用 MS-VAR 模型讨论了货币政策工具对股票价格的影响，发现在股票市场的不同发展阶段，货币政策对股票价格的影响不论在影响效力还是影响方向上都是不同的。周晖[46]于 2010 年利用 BEKK-GARCH（Baba Engle Kraft Kroner-generalized autoregressive conditional heteroskedasticity）模型讨论了货币供应量和股票价格之间的关系，发现货币供应量和股票价格的联动关系并不稳定。李亮[47]于 2010 年利用一个含有长期约束和短期约束的 VAR 模型研究了我国的资产价格波动与货币政策应对方法，研究结果表明，货币政策的制定不宜盯住股票价格，应该予以关注，这与中国人民银行研究局课题组[36]于 2002 年得出的结论是一致的，尽管他们使用的分析方法不同，但结论一致。吴国鼎和韩海容[48]利用横截面回归分析方法研究了货币政策对股票横截面收益的影响，研究发现股票的横截面收益对货币政策的反应是非对称的。方舟等[49]于 2011 年利用 MS-VAR 模型考察了货币政策冲击对股票市场流动性的影响，研究结果表明，货币政策扩张有利于提高股票市场的流动性；反之，则相反。但是在不同的区制下，影响程度是不同的。杨杨和龚俊[50]于 2012 年利用多元回归分析的方法研究了股票市值对货币需求的影响，研究结果表明，股票的市值对货币需求确实有影响，如果股票市值上升，会使得大量的货币通过各种渠道进入并滞留于股票市场，相应地，实体经济的投资和消费将会下降，导致实体经济踟蹰不前，故而在确定货币需求函数时应该考虑股票市场的影响。同年，周怡[51]利用结构向量自回归（structural vector autoregression，SVAR）模型对投资者情绪对中国货币政策的传导进行了实证研究，研究结果发现，投资者情绪对货币政策传导的影响确实存在。胡金焱和郭峰[52]也于 2012 年利用指数广义自回归条件异方差（exponential generalized autoregression conditional heteroskdasticity，EGARCH）模型讨论了货币政策冲击与股票市场波动之间的关系，发现这种关系与市场状态有关，即这种关系具有非对称性。王乾乾[53]于 2012 年利用 MS-VAR 模型研究了货币政策对股票市场的影响，研究结果发现，在不同的市场态势下，货币政策对股票市场收益的影响在时间、方向和效果上是非对称的。2016 年，吕鑫[54]利用事件研究法研究利率对我国股票市场的影响，认为官定利率和市场利率均对我国股票市场的影响具有非对称性。

1.4.4　投资者情绪及其对股票市场波动的影响

由于市场中存在噪声交易者，他们会引起股票价格的波动。1980 年 Grossman 和 Stiglitz[55]构造了带有噪声的理性预期模型，在文中提出了著名的"Grossman-Stiglitz 悖论"，并得到了一个重要的推论，即如果股票价格中含有的噪声信息比较多，那么投资者获取信息的活动就会相应增加。

行为交易理论（behavior trading theory）是众多学者继 Vijh 的指数效应理论之后提出的又一理论。该理论以投资者心理和行为偏差为基础，希望从投资者的交易行为角度来剖析指数调整带来的相关性。该理论认为对投资者而言，由于其自身的有限理性，他们往往在进行投资时，会为了简化投资决策而选择具有某种特征的股票来组成不同的投资组合，在交易时会对组合股票进行整体交易，而正是这种交易的整体性使资产组合内部的股票之间出现高于其基本面的同步性。1984 年，Shiller[56]提出了羊群效应（也称羊群行为），即投资者在特定时间段内对某一特定股票有集中倾向于买方或卖方的一种非理性行为，并且认为投资者的这种非理性行为是投资者内部信息传导机制不完全导致的，当这些非理性的投资行为表现出社会化或投资者都听信相同谣言时，这种羊群效应应该会表现得更加明显。并且 Shiller[57]又于 2001 年对这种行为进行了进一步的解释，他认为，因为人们注意力是有限的，所以他们只能关注那些所谓的热点信息，故而形成了相似的信念，在认知上会产生系统性偏差，而媒体的宣传和人们之间的互相交流会使这种信念进一步加强。当然也有不同观点，1992 年，Lakonishok 等[58]给出了检验羊群效应的经典方法，并用该方法对美国养老基金的行为进行了羊群效应检验，研究结果发现，美国 789 家养老基金的行为并不存在明显的羊群效应。1995 年 Lux[59]又对羊群效应进行了模拟，认为投机者行为并不是盲目的，他们的应激行为是根据实际收益对其他投资者的行为做出的一种正常反应，以避免错失盈利的机会。1998 年，Barberis 等[60]从心理学的角度解释了投资者情绪并对其量化，建立了 BSV（Barberis Shleifer Vishny）模型，阐述了投资者情绪对股票市场的影响。同年，Clarke 和 Statman[61]利用 1964 年以来投资者智能指数（investors intelligence index，II）周数据来研究投资者情绪与 S&P 500 指数之间的关系，发现 4 周、26 周和 52 周的数据之间都不存在统计上的显著关系。Fisher 和 Statman[62]于 2000 年使用该指数作为中等投资者情绪指数的代理变量进行研究，发现该指数虽然与滞后一期的 S&P 500 指数收益率呈现出负相关关系，但是统计上并不显著。而 Wayne 等[63]于 2002 年研究了股票市场波动、股票市场超额收益及投资者情绪的关系，指出了股票市场的超额收益和投资者情绪是正相关的，而投资者情绪的变化会引起股票市场波动幅度的调整，同时能够影响到股票市场的超额收益，也就说明了投资者情绪与股票市场收益和股票市场波动之间具有一定的相关性。

Brown 和 Cliff[64]于 2004 年以投资者智能指数作为投资者情绪指数，研究了它与近期股票市场收益的关系。该研究发现，许多常见的间接投资者情绪测度与直接的投资者情绪测度是有关的，过去的市场收益也是投资者情绪的重要决定因素。投资者情绪对短期股票市场收益的预测性比较差；反过来，股票市场历史收益率有可能是投资者情绪的一个重要影响因素。直接把投资者情绪作为股票收益的回归分析变量可能本身就存在问题，同时该研究也不支持投资者情绪主要影响个人投资者及小市值股票的观点。Hong 等[65]通过研究发现，投资者之间的社会接触也会对投资者自身的投资决策有重要的影响，并且该研究发现在同一城市的基金经理很有可能持有相同的股票。Barberis 等[66]于 2005 年在 Vijh 研究的基础上验证了 S&P 500 指数的调入或调出股票与该指数收益的线性相关性，发现调整后这种线性相关性会显著上升或下降，且这种线性相关性可以通过行为交易理论进行解释，即投资者的交易行为会引发某些股票需求的相关变动，并使这些股票的收益产生联动。2006 年，Baker 和 Wurgler[67]研究了投资者情绪对股票市场的横截面效应，投资者情绪对市值不同的股票影响不同，同样地，其对波动性、盈利性、成长性不一样的股票，影响也是不一样的。2011 年，Yu 和 Yuan[68]研究了投资者情绪与均值-方差的关系，并研究了在投资者情绪的不同阶段，股票市场的收益和方差之间的关系，发现在投资者悲观时，股票市场的预期超额收益与其条件方差变化方向相同，收益和同期的创新波动率之间是负相关的。但是在投资者情绪高涨时期，股票市场的预期超额收益和市场的条件方差之间无关，而且收益和同期的创新波动率之间的负相关关系较弱。Chen 等[69, 70]分别于 2010 年和 2014 年利用主成分分析法构造了投资者复合情绪指数，并以该复合情绪指数作为门限变量，利用门限自回归（threshold autoregression，TAR）模型分别讨论了香港股票市场和内地股票市场的区制划分问题，以及这两个股票市场在它们的不同状态，股票市场收益率的预测问题。

随着行为金融学的发展，近年来我国很多学者对投资者行为及投资者行为与股票市场的关系进行了较多的研究。我国股票市场不同于西方发达国家的股票市场，其具有自身的特殊性，我国的投资者基本上分为两大类：机构投资者和个体投资者，因此我国在这些方面的研究，既有针对机构投资者的也有针对个体投资者的。我国关于投资者行为和情绪的研究开始的比较晚，2004 年，王美今和孙建军[71]修正了 DSSW 模型，利用《央视看盘》数据构造投资者情绪指数，利用我国股票市场数据来讨论股票市场收益、股票市场波动和投资者情绪之间的关系，结果发现投资者情绪变化是影响我国股票市场收益和波动的一个系统性因素。2005 年，陈彦斌[72]利用风险规避系数、跨期替代弹性和主观贴现因子这三个投资者主观偏好参数的波动来描述投资者情绪的波动，并讨论了它对股票价格和债券价格波动的影响，表明投资者情绪的波动对债券价格波动的影响要远远小于其对股票价格波动的影响。2005 年，史永东[73]研究了投机泡沫的相关问题，与投机泡沫密切相关的一个问题是投资者行为，因此他对投资者羊群效应进行了讨论，研究了投资者羊群效应及其对投机泡沫产生的影响。2008 年，张强和杨淑娥[74]利用我国股票市场数据对股票横截面收益的特征进行了实证分析，发现股票市值、账面市值比等指标可以预测股票预期收益，并且这种关系具有阶段性特征。他们以非预期投资者开户增长率反映投资者的主观情绪，并对投资者情绪波动和特征组合收益进行回归分析，发现投资者情绪波动是导致以上现象的原因。2008 年，薛斐[75]探讨了投资者情绪对投资者行为的影响，并进一步验证了投资者行为对资本资产定价、金融市场及实体经济的影响。2008 年，李新路[76]从影响投资者行为的心理因素方面入手，对个体投资者的心理对其投资决策行为的影响，以及我国股票市场上个体投资者行为对股票市场的影响进行了分析，并对个体投资者的交易数据进行了实证分析。2008 年，李胜利[77]对机构投资者的行为特征进行了研究，并研究了机构投资者行为与股票市场波动之间的相互关系。曹明[78]在其《投资者行为与股票价格表现研究》一书中讨论了股票价格的形成机制，并认为未来资本市场发展的微观基础是投资者行为与股票价格表现。

2009 年，张强和杨淑娥[79]利用主成分分析法构造投资者情绪指数，发现投资者情绪是影响股票价格的系统因子，并且投资者情绪波动对股票价格的作用是非对称的。2009 年孙绍荣[80]从投资者行为和心理入手，对证券市场中的噪声交易者对股票市场价格的影响从产生机理到影响过程进行了较为细致的研究。2010 年，杨阳和万迪昉[81]考察了投资者情绪对股票市场收益与股票市场波动的影响，主要利用门限自回归条件异方差 M（threshold autoregression conditional heteroskedasticity in mean，TARCH-M）模型来考察当市场处于不同状态时它们之间的相互关系，并利用 VAR 模型考察了不同市场状态下投资者情绪和市场收益的相互作用。朱伟骅和廖士光[13]对投资者行为进行了研究，进一步研究了投资者的交易行为对我国股票市场波动的影响，从行为金融学角度对投资者的情绪进行分析，讨论了投资者的情绪变化对投资者行为的影响。杨春鹏等[82]则对国内外投资者情绪指数的构造进行了比较详尽的梳理。宋泽芳和李元[83]于 2012 年利用主成分分析法构造投资者情绪复合指数，并研究了投资者情绪和股票特征之间的关系，实证表明，在我国股票市场的某段时间内，规模大、波动率高、市净率高的股票容易受到影响。2009 年，黄德龙等[84]再次对投资者情绪定义进行修正，认为应该考虑投资者的投机性需求和其对上市公司盈利前景的总体乐观程度两方面内容。同时，考察了在投资者情绪的上升和下降周期中，上述投资者情绪的两方面内容对大（小）盘股、高（低）价股、绩优（亏损）股和高（低）市盈率（price to earning，PE）股的超额收益的影响，经过实证分析发现，在投资者情绪上升周期中，深圳市场股票、小盘股、高市盈率股、亏损股相对上海市场股票、大盘股、低市盈率股、绩优股会获得超额收益，投资者情绪变动的幅度越大，超额收益的幅度也越大；反之，则相反。范雯[85]于 2013 年基于我国股票市场，研究了投资者情绪对股票市场收益的影响，研究发现，投资者情绪对股票市场的收益会产生显著影响。而且，投资者情绪对规模小和账面市值比高的组合影响较大，对规模大和账面市值比低的股票组合影响较小。对市值大、市盈率低、市净率高及股票价格高的公司股票影响较小；反之，则相反。张宗新和王海亮[86]于 2013 年首先构造了投资者情绪指标，在构造过程中使用了主成分分析法；其次检验该指标与主观信念和市场波动之间的关系，在检验时主要应用多元回归和脉冲响应分析来进行；最后得出该指标对主观信念存在正面冲击,对市场收益率和波动率存在显著的正面冲击。同年,胡昌生和池阳春[87]将投资者情绪分为理性情绪与非理性情绪,研究了在不同的市场估值阶段,投资者情绪对波动性的影响,发现在市场的高估值阶段,非理性情绪对波动性影响显著,而理性情绪的影响不显著;在市场的低估值阶段,恰好相反。谭松涛[88]于 2014 年在其著作《中国机构投资者行为研究》中对我国的机构投资者行为进行了比较细致的研究,从机构投资者的持股和交易行为入手来研究机构投资者的行为对我国股票市场的影响。

第2章 相关理论

2.1 货币政策理论

2.1.1 货币政策的内涵与类型

1. 货币政策的内涵

货币政策通常是指一个国家的央行或当局通过对货币供应量、利率及信用量等进行调整来实现自己既定的某个经济目标，而采取的方针和措施。货币政策的内容比较广泛，包括了货币政策的目标与工具体系、货币政策的传导机制及货币政策的效应评价。

货币政策主要有广义的货币政策及狭义的货币政策两种。不论是广义的货币政策还是狭义的货币政策，它们的目标都是调控宏观经济。它们的主要区别在于，狭义的货币政策主要由央行负责制定和实施,而广义的货币政策参与方则比较多,不只包括央行，政府和其他的有关部门也可以参与。不论是何种货币政策，均是利用货币工具对货币政策变量进行调整，从而达到影响经济的目的。

2. 货币政策的类型

不论是按照货币政策对货币供应量的调整还是按照货币政策对总产出的影响，货币政策均可以分为以下两种：扩张的货币政策和紧缩的货币政策。如果央行实行扩张的货币政策，说明其当前采取的是积极的货币政策；反之，则是稳健的货币政策。央行是实行扩张的货币政策还是紧缩的货币政策，是考虑到当时的经济状况的。如果经济处于低迷期，央行会实行扩张的货币政策，使市场上流通的货币增加，从而增加总需求，以达到促进经济发展的目的；反之，如果经济发展过快，央行会顺势实行紧缩的货币政策，从而达到稳定经济发展的目的。但实际上，经济的发展和货币政策的实施都比较复杂，所以，货币政策的实施需要各方面政策的配合才能达到预期的目的。

2.1.2 货币政策的目标理论与工具

1. 货币政策的目标理论

货币政策目标一般分为最终目标（ultimate target）、中介目标（intermediate

target）和操作目标（operating target）。下面将依次介绍上述三个目标及它们之间的关系。

1）货币政策的最终目标

最终目标就是货币政策当局配合经济发展制定和实施货币政策后，在较长的一段时间内所需要达到的最终目的。货币政策的制定和实施是社会经济发展的需要。在我国社会经济发展过程中，央行实行货币政策最主要的目的是促进经济增长，在保持经济增长的同时，需要配合其他方面的发展。例如，社会经济保持低通货膨胀率的运行，实现充分就业及保持国际收支平衡。实际上，保持较低的通货膨胀率、实现充分就业及保持国际收支的平衡都是为了促进经济的增长。

A. 低通货膨胀率

在我国经济发展过程中，货币作为交易的中间品给人民生活带来了极大的方便，也为社会经济的发展提供了很大的便利。但是货币供应量的多少会影响物价水平，从而给社会经济带来一定的影响。如果货币供应量适度，则会促进经济的健康发展；但是如果货币供应量过多或过少，则均会造成物价水平的上升或下降，从而对社会经济发展产生一定的消极影响。因此，稳定物价、保持适当的通货膨胀率是货币政策的一个基本最终目标。

B. 充分就业

中国作为劳动力的人口大国，解决就业问题是国家经济发展过程中的一个重要目标。一个国家的失业率越高意味着闲置资源越多，越不利于经济的发展。而充分就业是指，只要想工作就能够找到合适的工作，这也是各国经济发展的目标。目前我国经济发展现阶段的目标是使就业率保持一个较高的、稳定的水平。

C. 国际收支平衡

每个国家实行的汇率政策不同，因此，各国的货币政策会受到不同程度的国际因素的影响。一国不论是国际收支顺差还是逆差，均会对国内经济产生影响。因此，各国均会采取各种措施和手段以维持国际收支平衡。

D. 经济增长

货币政策的基本目的是促进经济增长，而经济增长是指经济在比较长的一段时间内能够平稳地增加，不会呈现出大起大落的情况。世界各国衡量经济增长的标准不同，有的是以人均国民生产总值来衡量，有的是以国家的生产能力来衡量。人民的生活水平会随着经济的增长而提高。当经济增长到一定程度，就可以生产和消费更多的产品，人民的生活水平将随之上升。

央行实施货币政策时，要想使这四个目标同时实现是比较困难的。例如，央行以某个目标为目的实施某项货币政策，而货币政策实施的时候，会影响到其他目标的实现。这四个目标之间的关系比较复杂，既有一致性也存在相互矛盾，因此在制定和实施相应的货币政策时，不是单一的政策，还要兼顾其他政策。各个目标之间关系具有复杂性，因此有必要考虑各个目标之间的关系。

首先，本节介绍三个目标与经济增长之间的关系。第一，低通货膨胀率与经济增长之间的关系。短期内，如果通货膨胀率维持在一个较低的水平运行，则会促进经济的平稳增长。但是经济的快速增长必然会使物价上涨，通货膨胀率上升。第二，充分就业与经济增长之间的关系。经济的高速发展必然会带来更多的就业机会，因此会促进充分就业。但是随着科技的进步，在就业人口减少的情况下，也会使经济得到快速增长。第三，国际收支平衡与经济增长之间的关系。这两者之间存在矛盾：一方面，随着经济的增长，人们对进口商品的需求会增加，因此就会造成出口下降而进口增加的局面；另一方面，尽管国内经济的发展需要外资的投入，但是这并不能使国际收支达到平衡。因此，要使国际收支平衡和经济增长齐头并进也是有一定难度的，而我们所能做的是在经济增长和国际收支平衡之间找到一个平衡点。

其次，介绍低通货膨胀率与充分就业的关系。这两者之间往往是相冲突的，要想保持较高的就业率，吸引更多的员工就业，需要以增加员工的工资为代价，从而造成了货币增发，货币供应量的增加，这与低通货膨胀率的目标相矛盾。

2）货币政策的中介目标

央行实施货币政策要想实现其最终目标是不可能一蹴而就的，需要借助于某些中间变量，通过对这些中间变量进行调整，进而实现其最终目标。中介目标位于货币政策工具与最终目标之间，如图2-1所示。

图2-1　中介目标的位置

由图2-1可以看出，中介目标在货币政策工具与最终目标之间起到了一个特殊的作用。货币政策当局采取的政策工具并不能直接作用于最终目标，而是需要借助中介目标来实现，因此，中介目标起到了承上启下的作用。货币政策的作用途径如下：货币政策工具首先作用于中介目标，进而中介目标再传导至最终目标。在这个过程中，中介目标应该具有比较好的传导作用，并且能够起到调控的效果，因此，中介目标的选取应该具有以下的特点。一是可测性，可测性是指该中介目标是可以度量的，央行可以对其变化进行观察；二是可控性，可控性是指能够被控制，在货币政策实施过程中，可以通过观察中介目标数据随时对其进行控制、调整；三是相关性，相关性是指中介目标必须与最终目标及货币政策工具之间是相关的，否则起不到承上启下的作用，央行也不会实现货币政策的最终目标。

目前我国常用的中介目标包括以下几项：一是中长期债券利率，该指标与货币政策的最终目标之间的相关性比较强，当该指标发生改变时，其能够有效地改变货币购买力，相应的劳动成本、物价水平均随之变化，从而使最终目标发生变化。另外，央行还能够很好地测量和控制该指标。二是贷款发放总额，贷款额度的改变能直接影响各项投资，从而影响社会生产规模，进而影响就业水平及经济增长，且贷款发放总额的可测性和可控性是很显然的。三是货币供应量，其能直接影响社会资金流动量，进而对最终目标产生影响，而央行可以通过控制与之有关的基础货币来对货币供应量进行调控。

3）货币政策的操作目标

显然，操作目标是央行采用货币政策工具实施货币政策时直接的作用目标。因此，操作目标具有很强的操控性。由上述对货币政策中介目标的分析可以看出货币政策操作目标的选取，一般可以选择在对中介目标进行作用时的一些变量，如基础货币，央行可以通过对基础货币的控制来调控货币供应量，而这里货币供应量是中介目标，但基础货币却是操作目标。另外，存贷款基准利率及银行的存款准备金率都可以作为操作目标。央行可以通过调整存贷款基准利率来改变市场上的货币供应量，从而影响各项投资、就业率等。央行还可以通过调整基础货币来对货币供应量进行调整。

2. 货币政策工具

由前面介绍可知，央行实施货币政策是需要借助一定手段来对中介目标发生作用的，而这些手段就是货币政策工具。货币政策工具（monetary policy instrument）可以被划分为三类：一般性货币政策工具、选择性货币政策工具及补充性货币政策工具。

1）一般性货币政策工具

目前三个主要的货币政策工具是法定存款准备金、再贴现政策和公开市场操作，其被称为三大法宝。这三个主要的货币政策工具均属于一般性货币政策工具。

法定存款准备金（reserve requirements）是央行为了将旗下各商业银行的准备金集中起来，从而实现自己的既定目的，规定各个商业银行需要按照比例上交的部分。该工具能够直接影响货币乘数，因为货币供应量与货币乘数密切相关，所以该工具对货币供应量影响较大，具有力度大、见效快、效果明显等特点。正是由于上述特点，该工具会引起经济的巨大震荡；另外，该工具对各类不同银行的影响是不同的。鉴于此，法定存款准备金并不适合作为日常的货币政策的操作工具。再贴现政策（rediscount policy）是央行实施货币政策时的一种工具，该工具主要通过调整再贴现率来影响市场利率，进而改变货币供应量。这项工具既能够达到调整货币供应量的目的也能够达到调整信贷结构的目的。公开市场操作（open-market operations）是央行为了达到控制货币供应量、调整信贷结构等货币政策目标所采用的一种货币政策工具。其实施方式是通过在公开市场上买卖有价证券，以调整商业银行超额存款准备金，达到央行的货币政策目标。该工具可以与法定存款准备金政策和再贴现政策配合使用,以起到提高货币政策效果的作用。

2）选择性货币政策工具

一般性货币政策工具的适用范围较广,在各个领域均适用。但是货币政策工具的使用应该具体问题具体对待,因此,除了一般性货币政策工具还出现了选择性的货币政策工具。该工具是针对一些特殊领域而专门设置的,常见于一些信用控制,如针对不动产的（immovable property）各种政策,国家出台的为了控制房价涨幅过快的各种贷款规定:首付款比例限制、最低限额、贷款年限及总额限制等。针对证券的（securities）各种政策,如融资融券额度设置、各种保证金的比例限制等。针对除不动产外的耐用消费品的（durable consumer goods）各种政策,如汽车等耐用消费品贷款中的首付款比例限制、贷款利率等各项规定。目前随着互联网经济的发展,针对网络支付相关部门出台了各种分期支付等更加灵活的货币政策工具。国家为了鼓励中小企业发展而对其贷款给予的各项优惠等都属于此类工具范畴。

3）补充性货币政策工具（其他货币政策工具）

各个国家经济发展的状况不同、背景不同,因此在实施货币政策时,使用的货币政策工具也会有所不同。各个国家根据自己的实际情况,结合经济发展的不同阶段,会选取适当的货币政策工具,这就是另外的一些货币政策工具。它们是对一般性货币政策工具和选择性货币政策工具的有益补充,因此被称为补充性货币政策工具。而这些货币政策工具也主要是针对信用控制的,根据央行对信用控制的方式不同将其分为直接信用控制（direct credit control）和间接信用控制（indirect credit control）。顾名思义,直接信用控制就是央行按照自己的意图的信用控制,通过直接规定存贷款利率、银行信用额度等方式来控制管理,以达到其目标。而间接信用控制主要是指央行通过对各商业银行等金融机构发布行政指令,对相关政策进行具体解释等方式来传达自己的意图。另外,央行还可以根据当前的经济运行情况及各行业的发展现状,对商业银行的贷款发放方向、力度进行有效指导。

上文提到的在货币政策实施时所用到的几个工具,在具体的经济环境中,可以相互配合协调使用以达到调控目的。例如,传统的三大货币政策工具可以和选择性货币政策工具互相配合,以达到总量调节和结构调整两不误的目的。央行也可以在选择性货币政策工具和补充性货币政策工具之间灵活选择,从而达到特定经济情况下的特定目的。

2.1.3　货币政策的传导机制

1. 货币政策传导机制的构成及影响因素

货币政策传导主要是指央行为了实现最终目标,而采用货币政策工具实施货币政策时，从货币政策工具到中介目标，又由中介目标到最终目标的这一途径。

1）货币政策传导机制的构成

货币政策传导机制的构成可以从两个方面来进行考虑：一方面，货币政策需要依靠一系列的经济变量来进行传导和体现；另一方面，货币政策需要依靠相关机构来具体实施和实现。因此，货币政策传导机制主要由这两方面构成，其传导模式见图2-2。

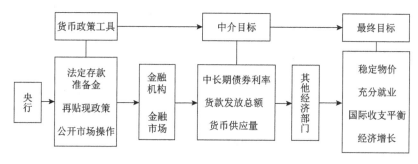

图 2-2　货币政策传导机制的一般模式

这两个方面是密切联系、不可分割的。货币政策的实施需要通过一系列经济变量来传导和体现，而经济变量本身必须依靠各种机构来具体实施。因此，在政策的传导过程中，这两者缺一不可，必须协调配合使用。

2）影响货币政策传导机制的因素

在复杂多变的经济环境中，货币政策传导机制必然会受到各种复杂因素的干扰和制约。根据上述的货币政策传导机制可以知道，政策及政策工具必定会影响到货币政策的传导，而政策执行的时间与力度也会影响其传导过程。货币政策传导过程包括经济变量和机构这两部分，因此，影响这两部分的因素也势必会对货币政策的传导造成一定的影响。

A．宏观经济环境对货币政策传导速度的影响

宏观经济环境对货币政策具有一定的反作用，影响并且制约着货币政策的传导。经济环境会影响经济主体的投资决策，从而影响经济主体对货币流的态度。一般而言，当经济活动比较活跃时，货币政策传导的速度也会相应较快；若经济比较疲软时，则货币政策传导的速度也会相应受阻。

B．金融市场体系对货币政策传导的影响

金融市场作为市场体系的一个重要组成部分，各经济变量和机构都不同程度地参与其中。因此，它就不可避免地成为货币政策传导的一个基础。在实际的经济活动中，从央行制定货币政策，运用一定的货币政策工具到最终对企业和居民产生影响，都是通过金融市场来实现的。金融市场通过汇率、利率等价格信号和供求关系把央行行为、商业银行行为、居民与企业行为连接起来构成一个统一的

经济体。因此，一个国家货币政策传导的是否有效，与本国是否具有一个健全、完善的金融市场是密不可分的。

C. 其他政策的协调、配合对货币政策传导的影响

不同的经济政策侧重点不同，具有各自的优缺点，而实际经济运行中，会出现不同的问题，因此，需要各种政策的协调配合才能保证货币政策传导的顺畅、有效，从而使经济平稳发展。

D. 企业和商业银行的市场化程度对货币政策传导的影响

企业和商业银行作为市场经济中的重要组成部分，直接承载着货币政策的传导，它们的市场化程度会影响货币政策传导的效果。央行货币政策的传导过程如下：

央行的货币政策→商业银行→企业和居民→国民收入和物价水平

从上述传导过程中可以看出，央行的货币政策最早作用在商业银行上，然后才能影响到企业和居民，通过企业和居民的行为影响国民收入与物价水平等经济变量，从而可以度量是否实现了货币政策的最终目标。因此作为商业银行和企业，它们的市场化程度会直接影响货币政策的传导效果，只有它们完全走向市场，以市场作为资源配置的有效手段，才能够对货币政策做出迅速反应，从而使货币政策的效果更加显著。

2. 货币政策传导机制理论

货币政策传导机制理论主要是在货币供求理论的基础上来讨论货币供应量发生变化，整个经济社会中的就业、产出、收入及价格等将如何变化的理论。货币政策传导机制理论主要分析的是货币供应量的变化如何对实体经济产生影响。

1）早期学者的货币作用过程理论

在充分就业和供给创造需求这两个假设的前提下，传统的经济学认为，用经济理论来分析产量等实际变量和用货币来分析价格水平变化之间并没有关系，这就是经济学上著名的"二分法"，因此，在传统的经济学中并不存在货币政策的传导问题。但是，货币数量论的存在，使得实际的经济分析中确实存在货币政策的传导途径，货币数量论认为货币政策的传导过程如下：

存款准备金数量→货币供应量→名义收入

即货币数量论认为当央行进行政策调整时，商业银行作为特殊的金融机构，会首先对政策做出反应，商业银行对该政策的第一反应是改变自己的存款准备金。商业银行存款准备金的变化，使得市场上流通的货币量也发生了改变，进而改变了货币供应量，最后造成了社会上名义收入的变动。早期经济学家认为，货币供应量的变化会引起物价水平的变化，进而引起社会名义收入的变动。

2）凯恩斯学派的货币政策传导机制理论

20 世纪 30 年代爆发的经济危机，引起了人们对宏观经济政策的性质和作用的争论。凯恩斯学派摒弃了传统经济学中充分就业的假设，并将货币看作经济的一个内在因素，在他的货币理论中，具体地阐述了货币政策的利率传导机制。他认为，货币政策的传导过程如下：

货币供应量→利率→支出→总产出

凯恩斯学派认为利率可以作为中间媒介对货币政策起到传导作用。当央行实施某项紧缩的货币政策时，该政策会使货币供应量相应减少，在一定程度上会使利率发生改变。事实上，货币供应量（货币数量）的下降会在一定程度上使利率上升，从而改变社会上各种投资活动的成本，进而影响投资，使得各项投资相应下降，也会使总产出下降。

由于凯恩斯学派的货币政策传导机制的局限性，后凯恩斯学派对货币政策传导机制进行了补充和发展，构造了希克斯-汉森（investment-saving，liquidity preference money supply，IS-LM）模型，该模型主要描述的是价格水平不变时的总产出和利率的关系。该模型做了两个假设条件：第一，经济中除了货币以外的所有资产都是可以相互完全替代的；第二，金融市场已利率出清。

该传导机制可以表现在封闭经济和开放经济当中。在封闭经济中，以扩张的货币政策为例，某项货币政策使得货币供应量增加，居民的货币持有额也必定增加，从而导致了名义利率的下降，如果此时名义价格水平不能完全调整，则真实利率也随之下降，最终导致了投资和消费的增加及国民收入的上升。

3）货币主义学派的货币政策传导机制理论

该学派的前提假设是持久收入决定了货币需求，这与凯恩斯学派的假设完全不同。该学派认为，人们对货币的需求主要取决于人们的持久收入，它还认为资产的选择是多样的，货币和商品之间互为替代品。所以，该学派的代表人物弗里德曼认为，在货币政策传导的过程中利率并不起作用，而起决定性作用的是货币供应量。

货币主义学派的基本观点在于，人们之所以会需要货币，主要是由于自身的收入问题。自身收入稳定就决定了人们对货币的需要是稳定的，也就不会对利率敏感。因此，以弗里德曼为首的货币学派的学者均认为，人们需要的货币量是一定的而且与利率无关。货币的流通速度是可以预测的，从而决定名义收入的主要因素是货币供应量。因此，货币主义学派认为货币政策是如下传导的：货币供应量的变化会引起总支出水平的变动，继而影响到总产出水平。

例如，央行采取一项紧缩的货币政策，使得货币供应量减少，企业和个人等货币持有者就会发现他们实际拥有的货币资产低于他们的预期水平，于是，他们就会相应地减少其在各种资产上的投入，其中既包括金融资产，如股票、债券，也包括实物资产，如汽车及各种消费品等，从而引起了总支出水平的下降，总支出水平的下降带动了总产出水平的下降。

4）货币政策传导的信贷机制理论

货币政策传导的信贷机制理论是由美国联邦储备银行的罗莎博士在信息经济学的基础上创立的，其认为由信息不对称、银行信贷配给等因素引起的外部融资溢价，影响了企业和居民的投资与消费行为。

该理论的核心观点是：在使用货币政策进行调整时，除了可以通过利率发挥作用，还可以通过信用机制来独立地发挥作用；尽管有了发达的金融市场，但是对资金需求者而言，其在筹集资金时，仍然摆脱不了对银行的依赖；央行实行货币政策（不论是扩张的还是紧缩的）时，由于金融市场自身的局限性及制度性条件的限制，一般都是通过银行的借贷渠道和借贷者的资产负债表渠道来进行调节，通过影响银行的贷款总额及全社会的信用总额来影响社会投资与经济情况。银行贷款在其中发挥了重要的作用。

首先，货币政策可以减轻信贷市场上普遍存在的由信息不对称造成的一系列问题。因为在信贷市场上普遍存在着信息不对称，所以，在没有信贷规模和利率上限等金融限制的市场中，信贷渠道的存在建立在信息不对称的基础上，从而在金融交易中比较容易产生逆向选择和道德风险，使得外部的融资成本大于内部的融资成本。而银行在这个过程中发挥着重要的作用，它将大量的存款集中在一起，并集中专人搜集和处理大量的当事人信息，选取合适的贷款人来进行贷款的发放，同时能够监督贷款人使用贷款的行为，这个过程能够大大地降低风险和交易成本。

其次，银行信贷对产出也有重要的影响，货币政策可以通过影响银行的贷款进而影响产出。

银行的业务除了买卖债券，还有两项是其他金融机构不能代替的，即创造货币和提供贷款。一方面，对于一些规模较小的私人企业、小企业、新建企业等，由于其自身的信息不完善等原因，要想在公开市场直接发行证券是相当困难的，对于这一部分企业，它们就特别依赖银行的贷款。因此，银行信贷流量的变化必然会产生重要的实际影响。另一方面，信息的不对称必然隐藏着一定的风险，因为信贷供给始终存在于市场中，即使此时市场已经达到稳定状态，但银行贷款利率并不是市场出清的均衡利率，它与市场均衡利率之间始终存在利差，也就是说，银行信贷最终会影响到产出。

货币政策通过影响银行贷款来影响局部的投资水平，进而对经济活动产生影响。银行信贷在货币政策传导中起主要作用，至少需要以下两个前提条件：①间接融资占有很大比重；②央行能够比较有效地调控商业银行信贷规模。

货币政策的信用供给可能性效应的传导途径主要表现在资产负债表和银行借贷这两个途径上，其中，央行的货币政策通过资产负债表途径进行传导的机制可表现如下，货币供应量（M）增加，会使股票市场整体的估值水平（P）上扬，那么对各个企业而言，其自身的资产也会相应提升，与此对应银行贷款增多，进而企业投资（I）增加，社会总产出（Y）增加。与此同时，扩张的货币政策使得利率下降，现金的流量增加，相应地，银行贷款增多，进而企业投资（I）增加，社会总产出（Y）增加。这个传导过程可以表示如下：

$M\uparrow \rightarrow P\uparrow \rightarrow$ 道德风险 $\downarrow \rightarrow$ 贷款 $\uparrow \rightarrow I\uparrow \rightarrow Y\uparrow$

货币政策通过银行借贷进行传导的过程可表示如下：

货币政策→银行存款→银行贷款→投资→社会总产出

5）托宾 q 理论中的货币政策传导机制

前期经济学家认为，货币政策可以通过影响股票价格来影响投资，托宾在这个思想的基础上，提出了 q 理论，该理论主要研究的是金融市场的各种变化对投资和消费的影响。托宾对 q 的定义如下：

q=企业的市场价值÷企业资本的重置成本

若 $q>1$，则表明企业资本的重置成本小于企业的市场价值，因而，企业重建的成本要低于企业的市场价值，这种情况下，企业可以发行股票，比较容易地用从股票市场上筹集来的资金进行扩大投资；与之相反，若 $q<1$，此时企业发行股票融资困难，其相应的投资减少。

央行实行紧缩的货币政策时，会引起货币供应量的减少，整个市场上的货币流动量相应降低，导致了各类资产价格下降，因而人们减少了在金融市场上的投资，使得股票价格下跌，从而 q 值下降。托宾的货币政策传导过程可表述如下：

货币供应量变化→股票价格变化→q 值变化→投资变化→社会总产出变化

3. 货币政策的传导渠道

根据上述货币政策传导的机制不同，并综合各个学派的观点，一般情况下，可将货币政策的传导渠道分为三个：投资支出渠道、消费支出渠道及国际贸易渠道。

1）投资支出渠道

传统的凯恩斯学派非常重视投资在经济周期中的作用，因而关于货币政策传导的早期研究主要集中在投资支出上。

关于货币政策对投资支出的影响主要有四种理论：利率对投资的效应、托宾的 q 理论、信贷观点及非对称信息效应。

A. 利率对投资的效应

该理论的主要思想是央行实行紧缩的货币政策时，货币供应量（M）的减少会使利率（i）升高，利率上升又会使投资（I）下降，投资的下降引起了社会总产出（Y）的下降。其过程如下：$M\downarrow \rightarrow i\uparrow \rightarrow I\downarrow \rightarrow Y\downarrow$。反之，央行实行扩张的货币政策时，则与上述过程相反。

但是这种传导过程会因为流动性陷阱和投资的利率弹性非常低这两个因素的出现而被堵塞。

B. 托宾的 q 理论

托宾认为，当央行采取扩张的货币政策时，会引起货币供应量（M）的增加，此时人们手中持有的货币比他们自身所需要的货币多，从而他们会重新安排他们的金融配置，那么其中一部分货币会流入股票市场，导致股票市场上的货币量增加，股票资产的价值（P_S）上涨，q 理论中的 q 值相应增加，从而投资（I）增加，社会总产出（Y）也会增加。托宾 q 理论的货币政策传导实际上也是通过影响投资，进而影响了总产出。其过程如下：

$$M\uparrow \to P_S\uparrow \to q\uparrow \to I\uparrow \to Y\uparrow$$

C. 信贷观点

信贷观点认为，如果央行采取一项扩张的货币政策，将引起货币供应量（M）的增加，从而增加了银行的可用资金。此时，如果银行愿意放贷，那么贷款的增加会扩大投资（I）支出，进而社会总产出（Y）会上升。通过信贷渠道进行传导的货币政策在以银行资金为主要资金来源的国家比在发达国家的作用更为明显。通过银行信贷传导的渠道实际上是通过影响投资，进而影响总产出的。其过程如下：

$$M\uparrow \to 贷款\uparrow \to I\uparrow \to Y\uparrow$$

D. 非对称信息效应

货币供应量（M）增加，会使股票市场整体的估值水平（P）上扬，那么对各个企业而言，其自身的资产也会相应提升，进而降低了银行贷款过程中逆向选择和道德风险的发生，与此对应的银行贷款增多，进而企业投资（I）增加，社会总产出（Y）增加。这个过程是建立在非对称信息基础上的，其过程如下：

$$M\uparrow \to P\uparrow \to 企业资产净值\uparrow \to 逆向选择和道德风险\downarrow \to 贷款\uparrow \to I\uparrow \to Y\uparrow$$

上述过程实际上也是通过影响投资来影响总产出的。

2）消费支出渠道

货币主义学派的货币政策传导机制理论只是简单地认为货币供应量的增加会扩大总产出，但是并没有具体分析货币供应量是通过什么渠道来影响总产出的。之后的学者对此进行了进一步分析。

A. 利率的耐用消费品支出渠道

该理论主要认为，货币政策通过引起利率（i）的变动来引起消费者对耐用消费品支出的变动，进而可以影响社会总产出（Y）。该理论的主要传导过程如下：

$$M\uparrow \to i\downarrow \to 耐用消费品支出\uparrow \to Y\uparrow$$

B. 财富效应

该效应是指当央行实行某种扩张的货币政策时，直接使得货币供应量（M）

增加，而此时增加的货币供应量使得股票市场整体的估值水平（P）上扬。此时如果人们手中有股票资产，那么股票资产的价值（P_S）也会上升，所以人们的这一部分财富增加了，进而影响到了人们的总财富。总财富的增加就会使人们增加消费（C）支出。从分析可以看出，实际上该理论阐述的货币政策是通过影响财富进而影响消费支出的。该效应的货币政策传导过程如下：

$$M\uparrow \rightarrow P_S\uparrow \rightarrow 金融资产价值\uparrow \rightarrow 总财富\uparrow \rightarrow C\uparrow \rightarrow Y\uparrow$$

C. 流动性效应

该效应与财富效应类似，均认为当央行实行扩张的货币政策时，会直接使货币供应量（M）增加，增加的货币供应量使得股票市场整体的估值水平（P）上扬。此时如果人们手中有股票资产的话，那么股票资产的价值（P_S）也会上升，所以人们的这一部分财富增加了，同时也增加了人们手中资产的流动性，因此进一步影响了消费者对耐用消费品的支出。该效应的货币政策传导过程如下：

$$M\uparrow \rightarrow P_S\uparrow \rightarrow 金融资产价值\uparrow \rightarrow 财富\uparrow \rightarrow 耐用消费品支出\uparrow \rightarrow Y\uparrow$$

3）国际贸易渠道

该传导渠道实际上是通过汇率来进行传导的。我国自改革开放以来，敞开了国门，对外贸易频繁。再加上浮动汇率的出现，汇率对净出口的影响会影响到货币政策的传导。

该渠道认为，利率改变也是其中的一个原因，当央行实行扩张的货币政策时，必然会引起货币供应量的增加，进而影响到国内利率，而国内利率的变化会引起汇率的变动，从而对净出口产生一定的影响。

例如，央行实行扩张的货币政策，引起了货币供应量（M）的增加，使得国内利率（i）下降，本国固定收益债券的收益率也随之下降，因此本国货币的吸引力下降，本币贬值，汇率下降，出口将增加，进口将下降，从而净出口（NX）增加，净出口的增加，意味着出口需求的增加，从而社会总产出（Y）也会相应增加。上述货币政策的汇率传导过程如下：

$$M\uparrow \rightarrow i\downarrow \rightarrow 汇率\downarrow \rightarrow NX\uparrow \rightarrow Y\uparrow$$

2.1.4 货币政策效果评价

1. 货币政策效果的含义

货币政策效果实际上就是上述的货币政策的传导结果。2.1.2 小节在研究货币政策传导时指出，央行实行货币政策的最终目标有四个，而货币政策效果是指央行不论运用何种货币政策工具，通过何种传导机制，最终均会对四个目标产生影响，因此，货币政策效果衡量的就是这四个目标的变化程度。对货币政策效果做出科学的衡量不仅关系到评价过去的货币政策是否适当，而且关系到当前与未来一定时期能否正确地进行政策选择。

2. 反映和检测货币政策效果的数量指标

央行实施一项货币政策，从制定到实施，再到最终的效果显现，中间需要一段时间。我们要想对货币政策实施的效果进行评价，直接观察是不可能的，而货币政策是否达到了预期效果，是通过一些经济变量反映出来的，因此，需要通过对一些具有代表性的经济指标进行分析和检测。这些指标应该能够反映经济的整体运行特征和经济的基本面，并且这些指标应该是可以计量的。其主要包括内部效应指标和外部效应指标。

1) 内部效应指标

内部效应指标主要包括反映货币供应量和供给结构变化的指标（如货币供给增长率、货币结构），以及反映币值情况的指标（货币购买力指数、货币贬值率）。

2) 外部效应指标

外部效应指标主要包括反映总体社会经济状况的指标，如 GDP、国民生产总值（gross national product，GNP）、失业率、国际收支概况等；反映通货膨胀程度的指标，如零售物价指数（retail price index，RPI）、居民消费价格指数（consumer price index，CPI）、GDP 平减指数等。

3. 货币政策效果理论

货币政策效果理论常见的主要有以下几种：①凯恩斯学派理论；②货币学派理论；③理性预期学派理论；④宏观金融博弈理论。

4. 影响货币政策效果的因素

1) 货币政策的延迟性

央行针对当前的经济运行状况，考虑制定政策进行调控，从开始考虑制定政策到政策的制定，再到政策的实施，而政策的实施又需要各个经济变量和机构的配合来实现政策的传导，直至最终目标得以实现。中间经过的各个环节的实施均需要一定的时间，因此，货币政策效果在时间上具有一定的延迟性。

货币政策从考虑制定到实现最终目标这个过程，主要分为两个阶段：第一个阶段是从考虑制定政策到政策的制定，再到政策的实施，这个过程主要是在央行内部完成，且这个过程需要一定的时间，因此，这个过程产生的延迟性被称为内部时滞；第二个阶段是政策的实施需要依靠经济变量和机构来进行传导，而货币政策的效果需要通过经济变量来体现，因此，从政策的实施到政策效果有所体现，也需要一定的时间，这一阶段的延迟性被称为外部时滞。

由以上分析可以看出，内部时滞主要受央行自身因素的影响，因此这一部分的时间长短，取决于央行对市场和经济中各种信息的掌握程度，以及对各种信息的处理、判断、决策能力；外部时滞的长短，取决于各个机构对政策的理解和执行能力，也取决于市场上各个经济变量对政策的反应灵敏度和力度。

2）货币的流通速度

在一段时间内，商品交换完成后就会退出市场。但对货币而言，由于其在这个过程中承担着中间媒介的作用，当商品退出市场后，货币仍然留在市场上参与流通。因此，货币政策的效果也会受货币流通速度的影响。当央行实施货币政策时，不仅要考虑货币供应量，还应该关注市场上的货币流通速度变化情况。在货币供应量一定的情况下，货币流通速度过快，相当于市场上流通的货币量增加，因此，投资支出将增加进而产出增加；相反地，如果货币流通速度下降，那么相当于市场上流通的货币量减少，故产出下降。

3）金融创新

金融创新是指相关的管理部门和机构为了各方面的利益，进行的从机构设置到业务设置，从技术到采用的手段等各方面的改革。这些改革会对央行的政策工具产生各种影响，有的会削弱央行的相关政策工具的实际效果，有的则会加强其政策工具的实际效果。

4）其他的政治经济因素

一方面，在货币政策实施时，经济环境是不断变化的，而货币政策具有延迟性，从政策的制定到最终实施，经济状况可能已经发生某些改变，但是货币政策却不一定能对此进行及时、有效的调整，因此货币政策可能无法达到预期的效果；另一方面，任何一项政策的执行都需要各个层面、机构的配合，这可能会在一定程度上损害到某些特定阶层、集团的利益，它们对此的抵触和反应会导致货币政策可能无法达到预期的效果。除此以外，政策能否高度公开并得到社会各个阶层的信任和认可，也影响了政策效果。

2.2 投资者情绪理论

2.2.1 投资者情绪的内涵、形成及影响因素

2008 年爆发的全球金融危机，引发了各国经济的下滑，造成了不可估量的损失，由此次危机的特征发现，消费者、企业及投资者信心成了此次金融危机蔓延的主要渠道。长期以来，货币经济学家们都认为，在货币政策的传导过程中，公众的心理起着重要的作用。例如，凯恩斯曾多次提到了"animal spirit"，在这里"animal spirit"即动物精神，是指消费者和投资者的乐观或悲观情绪，能够影响实体经济的产出和投资产出。

　　但是对于投资者情绪的定义，至今并没有统一的标准。有观点认为投资者形成投资理念的过程就是投资情绪，也有观点认为投资情绪是投资者对未来股票价格波动的主观性偏好。在国内外的文献中，对投资者情绪的界定也不统一。1986年 Black[3]提出了"噪声交易者"的概念，他将本来不拥有内部信息却非理性地把噪声当作有用信息的交易者称作噪声交易者，进一步地认为噪声交易者是投资者情绪产生的根源。而 Delong 等[89]于 1990 年提出了投资者情绪的概念，并建立了DSSW 模型，他们认为模型中并不全是理性的交易者，这些非理性的交易者被称为噪声交易者，并且噪声交易者容易受到外界噪声信息的影响，他们论证了该类交易者的行为能够受到外界噪声信息的影响，并最终影响股票价格。也就是说投资者情绪主要是指投资者自己的非理性心理导致了证券价格在一段时间内偏离均衡价格的现象，是投资者对未来预期的系统性偏差。Stein[90]和饶育蕾[91]分别于1996 年和 2003 年认为，投资者对未来预期所带有的系统性偏差可以被称作投资者情绪。2000 年 Fisher 和 Statman[62]将投资者情绪看作公众对目前与未来经济的信心程度，因此，他们选取了联邦公开市场委员会编制的消费者信心指数作为投资者情绪的代表。Brown 和 Cliff[64]认为投资者情绪主要是指投资者对股票的总体乐观判断或悲观判断。简而言之，本书认为投资者情绪是由于投资者受到各种信息的影响，对未来股票市场的总体乐观判断或悲观判断，这种判断影响了投资者的行为，进而影响了风险资产的价格。Clarke 和 Statman[61]认为，不论是处于股票市场低迷期还是股票市场高涨期，投资者情绪均不能预测未来收益，但是以往的收益及这些收益的波动却能够影响投资者的情绪。而 Wayne 等[63]研究了股票市场波动、股票市场超额收益及投资者情绪的作用，指出了股票市场的超额收益和投资者情绪是正相关的，而投资者情绪的变化会引起股票市场波动幅度的调整，同时能够影响股票市场的超额收益，也就说明了投资者情绪与股票市场收益和股票市场波动之间具有一定的相关性。Brown 和 Cliff[64]研究了投资者情绪与近期股票市场收益的关系。研究发现，许多常见的间接投资者情绪测度与直接的投资者情绪测度是有关的，过去的市场收益也是投资者情绪的重要决定因素。投资者情绪对短期股票市场收益的预测性比较差；反过来，股票市场历史收益率有可能是投资者情绪的一个重要影响因素。该研究认为直接把投资者情绪作为股票收益的回归分析变量可能本身就存在问题，同时该研究也不支持投资者情绪主要影响个人投资者及小市值股票的观点。2006 年 Baker 和 Wurgler[67]的研究表明当投资者情绪比较低时，相应的小市值、高波动、不盈利、不分红及高成长等股票的收益就会相对较高；反之，如果投资者情绪较高，上述品种股票随后的收益会相对较低，也就是说明了投资者情绪对股票市场的横截面效应。2011 年，Yu 和 Yuan[68]对投资者情绪对股票市场均值-方差的影响进行了研究，得到如下结论：当投资者情绪悲观时，股票市场的预期超额收益和市场的条件方差是正相关的，收益和同期的创新波动率之间是负相关的；但是在投资者情绪高涨时期，股票市场的预期超额收益和市场的条件方差之间无关，而且收益和同期的创新波动率之间的负相关关系较弱。

以上分析可以看出，投资者的情绪和股票市场收益、股票市场波动及股票市场的发展趋势之间有一定的联系。与此同时，投资者情绪可以通过影响股票市场的收益、波动，从而达到资产配置的作用，进一步地影响到货币政策的传导。所以，研究投资者情绪在货币政策对股票市场波动的影响过程中的作用是十分必要的。

由于我国的证券市场成立时间较短，各项制度还不完善，投资者情绪对股票市场影响较大。另外，由于在我国的证券市场上，机构投资者较少，而占比较大的是个人投资者。相对于机构投资者而言，个人投资者专业水平较低，心理素质不高，这就客观上导致了他们的心理变化更容易改变他们的投资行为，这种投资行为的变化极易导致市场的不稳定。他们的投资行为主要会受到如下因素的干扰。

1.盲目从众

在我国股票市场上，个人投资者由于自身条件——专业水平较低、心理素质不高、信息掌握程度不高、对信息的处理能力较低等，在市场上会表现出很强的跟风行为。从目标的选择到买入、卖出及交易时间和频率等，他们容易表现出集中现象。集中在一些热门股票、热门板块，大家同时买卖、追涨杀跌，极易造成市场的大幅波动，市场的稳定性遭到了极大破坏，对个体投资者而言，其损失无法避免。

盲目从众的心理在股票市场的不同阶段，表现也是不同的。当股票市场下跌时，个体投资者容易在抛盘出现后，争先恐后地卖出股票；而当股票市场上涨时，大家会根据市场所谓的热点板块等，跟随买盘而买进股票。这里均体现出我国股票市场上的盲目从众心理。但由我国股票市场的情况可以看出，在股票市场下跌阶段的卖盘跟风绝对远远超过了股票市场上涨时的买盘跟风。另外，我国股票市场上有明显的"追涨杀跌"现象，这也是一种从众心理。当股票市场表现好的时候大家会盲目跟风买入股票，而股票市场形势不好时，投资者又会跟风抛售自己手中的股票。

2. 锚定效应

顾名思义，该效应就是指个人投资者总是习惯以过去的某个价值为标准来对未来进行预测并指导自己的行为。因为信息的不全面性，个人选取的价值标准很可能已经不适用于当前的情况，所以再用此标准来进行预判，就会产生偏差。这种带有主观性、片面性的做法是不可取的、极具风险的。作为投资者应该及时了解各种信息，客观判断形势，并及时纠正偏差而不能停留在过去某阶段的认知上。

3. 盲目自信

盲目自信的投资者经常会出现以下情形：①事前过分相信自己的判断能力，常常会高估自己对事件的预测，从而会冒风险地进行十分频繁的交易，导致最终的投资损失；②事后盲目自信，在事情发生以后，将有利的方面归功于自己的能力和判断力，而将不利的方面归功于其他因素，如环境、运气、他人等。过于自信就等于自负，投资者高估了自身的判断而低估了风险，在进行投资时，往往特立独行，认识不到自己的弱势，盲目地相信自己的判断，造成投资失败。

我国证券市场上的个体投资者就存在着典型的盲目自信。他们过于相信自己的判断和分析各种信息的能力，从而导致个体投资者以各种方式影响到最终的交易行为。这主要表现在两个方面：一方面，他们高估了自己判断和分析各种风险的能力，从而低估了风险，造成了更大的损失；另一方面，则是由于盲目自信导致个体投资者误以为自己能够抓住市场，因此进行频繁的交易。我国证券市场上个体投资者的盲目自信心理，使得他们在进行股票交易时难以正确把握市场行情，不能客观冷静地分析市场，最终导致投机行为的产生，进一步地影响到我国股票市场。

4. 损失规避和处置效应

该效应与盲目自信是相反的。该效应表现为，个体投资者对自己的专业水平低有所了解，也具有相当的风险意识，但是他们的心理素质较差，当经历损失后，如惊弓之鸟，迅速撤离股票市场，以防止损失继续扩大。但还有部分投资者会出现下列表现：投资者对亏损的股票偏向于继续持有以避免出现损失，而对于现阶段盈利的股票则倾向于卖出以兑现自己的收益的现象。这种被称为处置效应。

总体上来说，不论是损失规避还是处置效应，这些倾向都是不合适的。因为如果选择了损失规避，可能会失去良好的投资机会；如果选择处置效应，投资者会继续持有原有股票，而这些股票后期有可能会继续贬值，使投资者的损失进一步扩大。

5. 侥幸心理

部分个人投资者在对股票市场缺乏基本了解的情况下，受周围环境和其他亲朋好友的影响盲目入市，心存侥幸，妄想一夜暴富。这部分投资者往往对风险缺乏了解，极度缺乏风险意识，在股票市场波动中很容易蒙受损失。

6. 个人情绪

对我国股票市场而言，机构投资者比重较低，而个人投资者比重较大，其行为不可避免地受到自身情绪的影响。乐观主义者会弱化利空消息，强化利好消息，对后市盲目乐观；悲观主义者则对利空消息表现出进一步的恐慌，放大利空消息带来的负面影响，对利好消息表现出漠不关心。以上两种情况说明，个人情绪会直接影响自身对市场消息判断的客观性，对后市的判断失去准确性，极易造成财产损失。

2.2.2　投资者情绪的测度方法

投资者情绪不是一个准确的变量，它作为心理学术语，是模糊的，无法像其他准确性变量那样具有良好的可测性。但是对于占有市场很大比重的个人投资者而言，其情绪直接影响到他们的投资行为，进一步地改变了市场的稳定性，具有极高的研究价值。所以有必要研究投资者情绪测度方法，能够更加准确地了解它所发挥的作用，为进一步研究它对货币政策影响股票市场波动的作用提供理论支撑，从而为货币政策的制定提供有益的参考。目前文献中，对投资者情绪的测量主要是通过构造投资者情绪指数得到的，根据其构造方法，主要分为以下三种：显性指数、隐性指数和复合指数。

1. 显性指数

国外学者最早发现投资者情绪会对股票市场产生干扰，试图找到合适的方法对其进行测量。部分学者通过使用某些经济指标作为投资者情绪的代理变量来研究它与股票市场的关系；还有部分学者通过编制调查问卷形式，整理出一个能够反映情绪的指数。这类指数被称为显性指数。现阶段用得较多的显性指数如下。

1）投资者智能指数

投资者智能指数是按周对超过 130 家报纸股评家的情绪进行调查。每周将各种报纸股评家的具体评论分为看涨、看平和看跌三种，而投资者智能指数的定义为

投资者智能指数=看涨人数所占的百分比–看跌人数所占的百分比

该投资者情绪指数从 1964 年开始编制，主要提供的是周数据，但是从 1965 年开始提供月度数据。该调查主要针对股评家进行，他们代表的是机构投资者，因此，该投资者情绪指数就被认为是机构投资者情绪。

1989 年，Solt 和 Statman[92]就利用 1964 年以来的周数据来研究机构投资者情绪与道琼斯工业指数（Dow Jones industrial average，DJIA）及 S&P 500 指数之间的关系，发现 4 周、26 周和 52 周的数据之间不存在统计上的显著关系。Fisher

和 Statman[62]利用该指数作为中等规模投资者的情绪测度指数来研究投资者情绪与 S&P 500 指数之间的关系，发现在当月数据上的投资者情绪指数与下个月的 S&P 500 指数之间存在着负相关关系，但是它们之间的统计关系并不显著。

2）美国个体投资者协会指数

美国个体投资者协会指数（American association of individual investors index，AAII）的调查对象为美国个体投资者协会的会员，因此该指数代表的是个人投资者情绪，在对这些会员进行调查时发现，其对后市的看法有看涨、看平和看跌。

Fisher 和 Statman[62]利用 AAII 调查中看涨人数所占的百分比作为投资者情绪的代理变量，利用回归分析检验得出，该投资者情绪指数与 S&P 500 指数未来收益率之间在统计上的反向关系显著成立，即该投资者情绪指数可以有效预测 S&P 500 指数的未来收益率。

对于投资者智能指数和 AAII，虽然在调查时，其都对未来股票市场的观点分为看涨、看平和看跌三种，但是在构造投资者情绪指数时的方法却不同，如上述 Fisher 和 Statman[62]利用 AAII 调查中看涨人数所占的百分比作为投资者情绪的代理变量，而 2005 年 Brown 和 Cliff [93]是如下定义的：

$$看涨人数所占的百分比 - 看跌人数所占的百分比$$

随后还有其他构造方法：$S_t = \dfrac{看涨人数}{(看跌人数 + 看涨人数)}$，其中，$S_t$ 表示投资者情绪指数。但是不论是哪种构造方法，都并未影响到实证结果。

3）友好指数

该投资者情绪指数对美国的某些主要媒体、机构对后市的看法进行统计，并根据媒体等的销量对分数进行加权，以此评估他们的乐观程度。分数取值从负 3 到正 3。

1989 年 Solt 和 Statman[92]利用 1963～1985 年的样本来检验友好指数与 S&P 500 指数之间的关系，发现友好指数对 S&P 500 指数收益的预测能力并不具有统计显著性，但是在 1997 年 Sanders 等[94]却发现，该投资者情绪指数在期货市场上具有一定的预测能力。

国外学者研究投资者情绪指数时，上述三个指数用得比较广泛，国内对投资者情绪指数的研究也有一定的发展。

4）好淡指数

好淡指数是我国参照美国的友好指数编制的反映投资者偏好的指数。该指数的调查对象主要是机构投资者，因此被认为是机构投资者情绪的代理变量。该指数于每周六公布结果，从未间断过，数据比较完整。好淡指数根据被采访者对未来一周或未来一个月的股票市场多空意见而被分为短期指数和中期指数。

2005 年，程昆和刘仁和[95]利用好淡指数调查结果构造指数如下：

$$S_t = \frac{看涨人数}{(看跌人数 + 看涨人数)}$$

并研究了用好淡指数表示的中期、短期情绪与股票市场收益率的动态关系。

5) 央视看盘指数

央视看盘指数的调查结果与前面的友好指数调查结果类似，分看平、看涨、看跌三种情况。最早开始于 2001 年，由中国中央电视台发起，但是其调查对象为券商和机构，数据按日和周公布。

2003 年，饶育蕾和刘达锋[96]依照上述调查结果，编制了牛市情绪指数（bullish sentiment index，BSI），即

$$BSI = \frac{看涨人数}{(看跌人数 + 看涨人数)}$$

饶育蕾和刘达锋还另外构造了一个 BSI，该指数所需要的数据主要来源于机构和券商，并通过实证分析发现，这两个 BSI 与股票市场的未来收益率之间不存在显著的关系，也就是说不能根据这两个投资者情绪指数来对后市做出预测。王美今和孙建军[71]也构造了 BSI，并通过对 DSSW 模型进行修正，推导出了一个更具有一般性的模型，验证了该指数对股票市场收益的影响是显著的，并且其是沪深两市收益的一个系统性因子，与股票市场收益波动的变化方向相反。

6)《中国证券报》的《华鼎"多空"民意调查》

1999 年 3 月《中国证券报》的《华鼎"多空"民意调查》栏目开始进行民意调查。该调查将市场上的主要投资者进行分类，在每类投资者中抽取样本对其持有股票的仓位水平及其对后市多空预测进行调查。华鼎集团对自己开发的程序进行处理，形成了《华鼎"多空"民意调查》。

2010 年，晏艳阳等[97]利用《华鼎"多空"民意调查》对中国股票市场进行了横截面分析，将股票分为大盘股、大中盘股、中盘股和小盘股来考察该指数对不同类型股票收益的影响。结果表明，该指数对大盘股收益的影响要低于对小盘股收益的影响，同时投资者情绪还能够通过影响股票收益和市场风险的相关性，从而影响股票的预期收益。

7) 巨潮投资者信心指数

从 2003 年 4 月底开始，通过借鉴世界各国投资者信心指数的构造方法及国家统计局中国经济景气监测中心的消费者信心指数的构造方法，深圳证券信息有限公司和著名证券网站全景网共同开展投资者情绪的调查，并构造了投资者情绪指数。该指数是在中国人民币普通股票（以下简称 A 股）市场上采用周数据来进行

的，该指数的调查对象与好淡指数的调查对象不同，深圳证券信息有限公司和全景网分别对各个阶层的投资者在网上进行调查，构造信心指数，因此，该指数反映了市场上投资者的情绪。

上面介绍了几个常用的能够反映投资者情绪的显性指数，从这几个指数的定义可以看出，显性指数基本上是通过调查数据来编制指数。这种指数尽管确实能够反映出某类投资者的情绪，但是由于调查取样的有限性和影响投资者情绪因素的多样性，显性指数具有一定的局限性，投资者可能并不会按照自己的情绪意愿来进行投资。因此，直接构造的投资者情绪指数虽然也能够反映投资者的情绪，但是其有效性有待进一步检验，同时也需要寻求更好的能够反映投资者情绪的指数。

投资者的情绪会通过其行为表现出来，故我们可以通过投资者的行为表现，间接地构造出反映其情绪的指数。

2. 隐性指数

由于投资者的心理比较复杂，我们根据调查得到的数据可能并不能真实地反映出投资者的情绪。而投资者的行为却会反映出其心理，因此，我们可以从投资者在股票市场上的表现来构造投资者情绪指数。投资者行为在股票市场上直接影响的是股票市场的某些变量，因此，可以通过对这些变量进行统计分析，从而构造出反映投资者情绪的指数，这些指数被称为隐性指数。比较常用的有腾落（advance decline line，ADL）指数、阿姆氏（Arms，ARMS）指数、新高-新低（new high-new low，NH/NL）指数、封闭式基金折价率（closed-end fund discount）、市场换手率、新增开户数、IPO 数量、新股上市首日收益率等。

1）ADL 指数和 ARMS 指数

它们反映的是市场整体的表现，是通过对关于市场整体表现的数据进行整理得到的。其原理是对股票市场每天的上涨幅度进行观察，将涨幅分别为正、负的股票数量进行对比，以此反映市场的活跃程度。Brown 和 Cliff[93]通过实证分析发现，ADL 指数的月度数据可以用来预测小市值股票的未来收益。而 ARMS 指数是 ADL 指数的变形，每天都会被刊登在《华尔街日报》上，该指数中考虑了成交量的因素。ARMS 指数是将上涨家数和下跌家数分别标准化，然后再作商，其定义如下：

$$ARMS_t = \frac{\sum 上涨家数 / 上涨的成交量}{\sum 下跌家数 / 下跌的成交量}$$

Brown 和 Cliff[93]经过实证分析发现，在 6～26 个月内，ARMS 指数不能有效预测股票市场上股票（不论是小市值股票还是大市值股票）的未来收益率。

2）NH/NL 指数

NH/NL 指数是用来衡量股票市场中买卖双方力量强弱的。1995 年，Achelis[98]

指出，市场中 NH/NL 指数变小，说明市场上正在创新高的股票越来越少，尽管市场指数正在上扬，但是上涨的动力越来越弱，市场随时会发生逆转。

　　3）封闭式基金折价率

　　封闭式基金折价率主要取决于其市场价格与净值，封闭式基金折价率越高，意味着投资者越看淡市场，表明投资者情绪越低，则认为投资者情绪处于悲观的状态；反之，则相反。1991 年，Lee 等[99]经过分析认为，封闭式基金折价率能够反映投资者情绪，且封闭式基金和小市值股票均由个人投资者持有，因此，当小市值股票表现较好时，封闭式基金折价率将会变小。而 1993 年 Chen 等[100]指出封闭式基金折价率可能仅反映的是投资者对封闭式基金价值的认可，而不是反映其对市场的认可度。显然，不能用投资者情绪来解释封闭式基金折价率和小公司效应。

　　4）市场换手率

　　1977 年，Miller[101]最先认为市场换手率能够反映市场上各方观点之间的分歧，因此，该指数中应该含有投资者情绪。2004 年，Baker 和 Stein[102]指出流动性可以作为投资者情绪的测度工具，当股票市场处于不同状态时，投资者参与度显然是不同的，其情绪也不同。而我们可以用市场换手率来衡量市场的流动性，所以，可以用市场换手率来反映投资者情绪。

　　5）新增开户数

　　当股票市场处于高涨期时，股票市场收益增加，吸引投资者积极投入股票市场，开户数就会增加较快，但是当股票市场处于低迷期时，股票市场收益的下降，使得市场新参与人数的增速放缓，因此，新增开户数能在一定程度上反映出投资者情绪。伍燕然和韩立岩[103]于 2007 年认为当投资者情绪高涨时，其进入市场的热情就高，从而新增开户数就会增加。

　　6）IPO 数量及新股上市首日收益率

　　Brown 和 Cliff[93]使用相关回归分析的方法发现，股票市场中的 IPO 数量与股票市场的未来收益率之间呈现出负相关关系。2007 年，Baker 和 Wurgler[104]指出新股的发行规模越大，其上市首日的收益率越高，表明投资者情绪越高；反之，则相反。一般是在投资者情绪较高时密集发行新股，而在投资者情绪较低时新股的发行速度较慢，在我国甚至会出现暂停新股发行的现象。

　　前面对投资者情绪指数的选取进行了分类整理，可以看出，相较于国外，受限于国内目前的金融环境，导致国内在该领域的研究相对薄弱。并且在指数的选取方面主要是靠直接数据即单一代理变量来获得，而单一代理变量的解释力较弱，理解力和适应性也较差，因此，需要寻求更加稳健的综合性指数来作为投资者情绪的代理变量。

3. 复合指数

投资者复合情绪指数是指利用多个投资者情绪代理变量合成得到的指数。Baker 和 Wurgler[67]利用月度数据研究了美国股票市场上的投资者情绪，选取了六个代理变量，通过对这六个代理变量分析发现，这六个代理变量之间相关性较大，也就是说，这六个代理变量之间有共同的因子——投资者情绪，因此，去除掉宏观经济周期变量的影响后，运用主成分分析法将这六个代理变量合成一个投资者复合情绪（Baker Wurgler，BW）指数。这种构造投资者情绪指数的方法在国内得到了比较广泛的使用，鉴于国内股票市场的特点及数据的可得性等，各位学者在构造投资者复合情绪指数时，分别选择了不同的单一指标。2009 年，张强和杨淑娥[79]选取市场换手率、投资者开户增长率及封闭式基金折价率三个单一指标，应用因子分析法构造了投资者复合情绪指数，在此基础上对股票市场的收益、波动及该复合情绪指数之间的关系进行了研究。2009 年，黄德龙等[84]选取了市场换手率、封闭式基金折价率、认沽权证溢价率、A 股新开户数、总开户比率及新浪多空市场情绪指数这六个变量，通过相关性分析，从中选出市场换手率、封闭式基金折价率和 A 股新开户数这三个变量来进行主成分分析，构造出投资者复合情绪指数，并利用 EGARCH 模型验证该指数和当期股票市场收益的关系。蒋玉梅和王明照[105]于 2010 年采用类似的方法构造了投资者复合情绪指数，以此为基础，进一步探讨了该指数对股票市场收益的总体效应和截面效应。

在构造投资者复合情绪指数时，主要使用的是年度数据，这在欧洲和美国等发达国家与地区的股票市场上能够充分反映投资者的情绪，但是对我国新兴市场而言，一方面，我国的股票市场成立时间较短，选取年度数据会造成样本量过少；另一方面，作为新兴市场，其各项政策制度的不完善会加剧投资者的投机行为，因此会使得股票市场起伏较大，年度数据不能全面地反映出投资者情绪的变化，所以，我们在构造投资者复合情绪指数时，主要选取月度数据。

由以上综述可以看出，对投资者情绪进行测度的一个关键是投资者复合情绪指数的构造，主要是将多个单一指标利用统计分析方法得到一个复合指标，因此，投资者复合情绪指数的构造成为当前研究投资者情绪的一个重要方面。而在构造投资者复合情绪指数时关键在于以下三点：代理变量的选取、样本数据的选取，以及使用主成分分析或因子分析的时候，投资者复合情绪指数的选取原则。

2.2.3　投资者复合情绪指数的构造

本节主要使用主成分分析法构造投资者复合情绪指数，这个过程中的两个关键方面如下：一是代理变量的选取，即在我国的股票市场上，如何从单一指标中选取适合的、能够反映出我国股票市场投资者情绪的指标；二是投资者复合情绪指数的选取原则，即在构造复合指数时，应该如何选取复合指数，选取时应该遵循什么样的原则。下文将就这两个方面展开讨论。

1. 代理变量的选取

从国内外相关文献研究来看，在使用主成分分析法构造投资者复合情绪指数时，关于指数的选择没有统一的标准。Baker 和 Wurgler[67]于 2006 年首次提出投资者复合情绪指数时，是利用月度数据选取了股票分红溢价、新发行股份数额、交易量、IPO 数量和新股上市首日收益率及封闭式基金折价率六个代理变量来进行主成分分析的。2009 年，张强和杨淑娥[79]选取了市场换手率、封闭式基金折价率、开户增长率这三个代理变量，应用因子分析法构造了投资者复合情绪指数。蒋玉梅和王明照[105]选取了市场换手率、IPO 数量、A 股新增开户数、新股上市首日收益率及封闭式基金折价率五个单一指标，再利用回归分析的方法，去除宏观经济变量对它们产生的干扰。最后，利用主成分分析法将五个单一指标复合成综合指标。2014 年 Chen 等[70]研究中国股票市场时，选取了市场换手率、新增开账户数、工业生产变化、货币供给变化、利率和汇率六个指标构造了投资者复合情绪指数。本书将根据可解释性、连续性及数据的可得性等原则，选取如下代理变量。

1）市场换手率

2004 年，Baker 和 Stein[102]指出流动性可以作为投资者情绪的测度方式，因为投资者往往在股票市场的低迷期具有较低的情绪，而在股票市场的高涨期具有较高的情绪。我们可以用市场换手率（TURN）来衡量市场的流动性，所以，我们将市场换手率包含在投资者情绪指数中。本书选取 2004 年 1 月至 2015 年 6 月所有市场 A 股流通市值加权市场月换手率，该数据可以直接由 RESSET 金融研究数据库得到。市场换手率与上证指数的关系如图 2-3 所示，其中 TURN1 和 SH1 分别为标准化的市场换手率和上证指数。

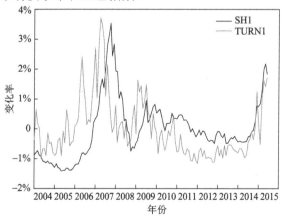

图 2-3　市场换手率与上证指数的趋势图

由图 2-3 可以看出，市场换手率的走势和上证指数的走势具有一定的相关性，而且市场换手率领先于上证指数的走势，即市场换手率相对于上证指数而言具有一定的领先性。当市场换手率上涨时，未来上证指数也会上升，且市场换手率达到高点的话，上证指数也会在未来某时达到高点。市场换手率出现局部的高点或低点时，上证指数也会出现相应的局部高点或低点。因此，市场换手率能够反映市场中的投资者情绪，可以将其纳入到投资者情绪代理变量中。

2）投资者开户增长率

2007 年，伍燕然和韩立岩[103]认为当投资者情绪高涨时，其进入市场的热情就高，从而新增开户数就会增加。投资者开户增长率（NOPEN）的计算公式如下：

$$NOPEN = \frac{当月新增开户数}{上月末投资者总开户数}$$

该数据来源于 RESSET 金融研究数据库，投资者开户增长率与上证指数的趋势图如图 2-4 所示。

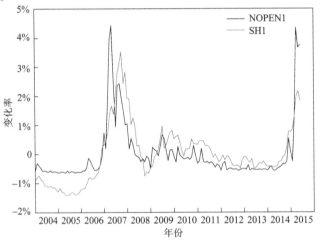

图 2-4　投资者开户增长率与上证指数的趋势图

图 2-4 中，NOPEN1 表示标准化的投资者开户增长率。由该图能够看出，投资者新增开户率领先于上证指数，即投资者开户增长率相对于上证指数而言具有先行性，当投资者开户增长率达到了局部的高点或低点时，上证指数随后也会达到短期的高点或低点。投资者新增开户数能够反映投资者入市的积极性，也就说明投资者在当时的股票市场及经济环境下，对股票市场的认可程度能够衡量投资者情绪的变化，投资者开户增长率可以作为其代理变量。

3）IPO 数量及新股上市首日收益率

Baker 和 Wurgler[104]认为 IPO 数量（NIPO）及新股上市首日收益率（RIPO）

均能够反映投资者情绪。新股的发行规模越大、上市首日的收益率越高，表明投资者情绪越高；反之，则相反。一般是在投资者情绪较高时密集发行新股，而在投资者情绪较低时新股的发行速度较慢，在我国甚至会出现暂停新股发行的现象。本书 IPO 数量选取的是每月首次公开发行募集资金数量；新股上市首日收益率选取的是当月新上市 A 股的首日收益率的算术平均值。新股上市首日收益率与上证指数的趋势图见图 2-5。其中，RIPO1 为标准化的新股上市首日收益率，数据来源于 RESSET 金融研究数据库。

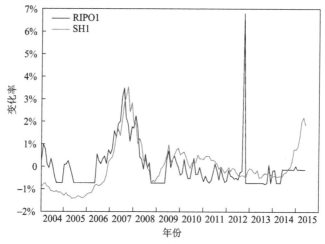

图 2-5　新股上市首日收益率与上证指数的趋势图

从图 2-5 中可以看到，新股上市首日收益率与上证指数的相关性比较强，上证指数滞后于新股上市首日收益率，也就是说，新股上市首日收益率领先于上证指数，当新股上市首日收益率达到了局部的高点或低点时，未来某个时间上证指数也会达到短期的高点或低点。尽管在我国的证券历史上曾经有过停止发行新股的事情，但是这也可以被看作是市场情绪的另外一个反应。因此，我们仍然可以选取 IPO 数量及新股上市首日收益率作为投资者情绪的代理变量，它们能够在一定程度上反映市场参与者的情绪。

4）封闭式基金折价率

行为金融学家认为，封闭式基金折价率（CEFD）能够在一定程度上反映投资者的情绪。同时，对于一些具体的投资品种，如果它们的投资者结构相同，那么这些投资品种也会受到相同的投资者情绪的影响。国内的伍燕然和韩立岩[103]及国外的 Lee 等[99]均认为封闭式基金折价率可以反映投资者情绪。他们认为，封闭式基金折价率越高，表明投资者越看淡市场，其情绪就越低。本书封闭式基金折价率的数据来自和讯网，选取 2004 年 1 月至 2015 年 6 月的数据，每月末的封闭式基金折价率按照如下公式计算：

$$CEFD_t = \frac{1}{K} \sum_{i=1}^{K} \left(\frac{p_{it} - NAV_{it}}{NAV_{it}} \right)$$

其中，p_{it} 为第 t 个月末基金 i 的市场价格；NAV_{it} 为第 t 个月末基金 i 的净值；K 为第 t 个月的封闭式基金数量。封闭式基金折价率与上证指数的趋势图如图 2-6 所示（其中，CEFD1 为标准化的封闭式基金折价率）。

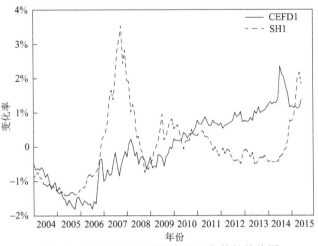

图 2-6　封闭式基金折价率与上证指数的趋势图

由图 2-6 可以看出，所选取数据的这一时间段内，在 2009～2010 年上半年，封闭式基金折价率与上证指数的相关性较弱，其他时间段它们之间的相关性还比较强，也就是说封闭式基金折价率的有效性在 2009～2010 年上半年这一段时间有所降低。原因在于，在这一个时间段内，很多基金距离到期日只有 2～3 年的时间了，所以交易比较频繁，其溢价率的波动率不如那些距离到期日时间长的封闭式基金的波动率高，因此降低了该代理变量的有效性。但总体上看来，该代理变量能够反映市场上的投资者情绪。

通过以上分析，我们选取市场换手率（TURN）、投资者开户增长率（NOPEN）、IPO 数量（NIPO）、新股上市首日收益率（RIPO）及封闭式基金折价率（CEFD）这五个投资者情绪代理变量来构造投资者复合情绪指数。

2. 投资者复合情绪指数的选取原则

1）样本数据选取与处理

上述已经选取了五个投资者情绪代理变量，这五个投资者情绪代理变量的描述性统计及它们之间的相关系数分别见表 2-1 和表 2-2。

表 2-1　投资者情绪代理变量的描述性统计（2014 年 1 月至 2015 年 6 月）

描述性统计量	CEFD	NIPO	NOPEN	RIPO	TURN
均值	−17.8136	$1.51×10^{10}$	0.8951	53.1650	35.0457
最大值	21.03	$1.49×10^{11}$	6.61	551.16	115.82
最小值	−47.67	0.00	0.07	−2.99	9.88
方差	273.049	$4.40×10^{20}$	1.658	5352.422	470.333
下四分位数	−28.78	0.00	0.20	0.00	19.24
上四分位数	−5.11	$2.32×10^{10}$	0.88	71.60	43.30

表 2-2　投资者情绪代理变量之间的相关系数

变量	CEFD	NIPO	NOPEN	RIPO	TURN
CEFD	1.0000				
NIPO	0.0976	1.0000			
NOPEN	0.0307	0.3985**	1.0000		
RIPO	−0.0830	0.2590**	0.4295**	1.0000	
TURN	−0.3455**	0.2008**	0.7138**	0.3484**	1.0000

**表示在 5%的显著水平下是显著的

从表 2-2 的相关系数分析中，可以看出各个投资者情绪代理变量之间具有一定的相关性，它们相互之间具有一定的影响。

但是 2006 年 Baker 和 Wurgler[67]指出：本期 IPO 数量的增加可能会受到前期 IPO 数量的影响，前期 IPO 的收益会引起投资者情绪的变动，投资者情绪代理变量在不同时期可能会反映出投资者同样的情绪，因此，在构造投资者复合情绪指数时需要考虑提前和滞后效应。我们选取上述五个投资者情绪代理变量的当期及它们的滞后一期，即 $TURN_t$、$CEFD_t$、$NOPEN_t$、$NIPO_t$、$RIPO_t$、$TURN_{t-1}$、$CEFD_{t-1}$、$NOPEN_{t-1}$、$NIPO_{t-1}$、$RIPO_{t-1}$ 共十个变量来分析，它们的相关性分析见表 2-3。

表 2-3　投资者情绪代理变量及其滞后项之间的相关系数

变量	$CEFD_t$	$NIPO_t$	$NOPEN_t$	$RIPO_t$	$TURN_t$	$CEFD_{t-1}$	$NIPO_{t-1}$	$NOPEN_{t-1}$	$RIPO_{t-1}$	$TURN_{t-1}$
$CEFD_t$	1									
$NIPO_t$	0.0976	1								
$NOPEN_t$	0.0307	0.3985***	1							
$RIPO_t$	−0.083	0.2590***	0.4295***	1						
$TURN_t$	−0.3455***	0.2008	0.7138***	0.3484***	1					

续表

变量	CEFD$_t$	NIPO$_t$	NOPEN$_t$	RIPO$_t$	TURN$_t$	CEFD$_{t-1}$	NIPO$_{t-1}$	NOPEN$_{t-1}$	RIPO$_{t-1}$	TURN$_{t-1}$
CEFD$_{t-1}$	0.9806***	0.0765	0.0335	−0.0912	−0.3337***	1				
NIPO$_{t-1}$	0.1046	0.4548***	0.3042***	0.2542***	0.0423	0.0777	1			
NOPEN$_{t-1}$	0.0123	0.4374***	0.8678***	0.4545***	0.5875***	−0.0154	0.3556***	1		
RIPO$_{t-1}$	−0.0695	0.3033***	0.4043***	0.5145***	0.2625	−0.0829	0.2406	0.4464***	1	
TURN$_{t-1}$	−0.3682***	0.2954***	0.6588***	0.4019***	0.8180***	−0.3889***	0.1668	0.7243***	0.3482***	1

***表示在10%的显著水平下是显著的

　　由表 2-3 可以看出，各个投资者情绪代理变量及其滞后项之间有一定的联系，能够互相影响，因此，在构造投资者复合情绪指数时应该考虑滞后项。

　　一方面，投资者情绪的变化有可能是宏观经济发生变化引起的，这些变化属于投资者情绪的理性变化，因此，要将其中的宏观经济变化引起的投资者情绪变化的因素剔除，本书选取 2004 年 1 月至 2015 年 6 月的 PPI、CPI 及 WAI 作为宏观经济变量的代理变量，其中，PPI 是指工业品出厂价格指数，WAI 指宏观经济景气预警指数，CPI 是居民消费价格指数；另一方面，在构造投资者复合情绪指数时，需要利用主成分分析法从代理变量中选取公因子作为投资者复合情绪指数来衡量投资者情绪。因此，下面先介绍主成分分析法。

　　2）主成分分析法

　　主成分分析法（principal component analysis，PCA）是利用降低维数的思路，将多个指标转化为少数几个综合性指标。在降低维数的过程中，主要采用的思想如下，保持所有变量的方差之和不发生变化，并且在保证主成分个数和变量个数一致的情况下，对所有主成分按照其方差大小进行正排序，分别为第一、第二等主成分。但是最终选取主成分时，不能将所有的主成分都包含在内，需要根据一定的原则选取其中的部分。在一般的行为研究中，常常用到的判断方法有两个：贡献率原则与碎石图原则。

　　A. 主成分分析法的主要思想

　　选取 n 个样本，对每个样本的 p 个指标进行观察，这 p 个指标用变量 $x_1, x_2, \cdots, x_p$ 来表示，主成分分析法是将这 p 个指标利用降低维数的方法，综合成新的综合指标：

$$\begin{cases} F_1 = a_{11}x_1 + a_{12}x_2 + \cdots + a_{1p}x_p \\ F_2 = a_{21}x_1 + a_{22}x_2 + \cdots + a_{2p}x_p \\ \quad\quad\quad\quad\quad\quad \vdots \\ F_p = a_{p1}x_1 + a_{p2}x_2 + \cdots + a_{pp}x_p \end{cases}$$

即 $F_j = a_{j1}x_1 + a_{j2}x_2 + \cdots + a_{jp}x_p, j = 1, 2, \cdots, p$。其中，$F_j$ 是第 j 个主成分。因此，由主成分分析法的定义可知以下几点。① F_i、F_j 互不相关 $(i \neq j; \ i = 1, 2, \cdots, p)$；② $F_1, F_2,$ $F_3, \cdots, F_p$ 的方差应该依次递减；③ $a^2_{i1} + a^2_{i2} + \cdots + a^2_{ip} = 1$，这里 a_{ij} 是主成分系数。记

$$F = \begin{pmatrix} F_1 \\ F_2 \\ \vdots \\ F_p \end{pmatrix}, X = \begin{pmatrix} x_1 \\ x_2 \\ \vdots \\ x_p \end{pmatrix}, A = \begin{pmatrix} a_{11} & a_{12} & \cdots & a_{1p} \\ a_{21} & a_{22} & \cdots & a_{2p} \\ \vdots & \vdots & & \vdots \\ a_{p1} & a_{p2} & \cdots & a_{pp} \end{pmatrix} = \begin{pmatrix} a_1 \\ a_2 \\ \vdots \\ a_p \end{pmatrix}$$

则上述方程可如下表示：$F = AX$，其中，A 为主成分系数矩阵。

B. 主成分的导出

由主成分的定义可知，要求出主成分，必须根据样本观察数据，利用上述提到的三个主成分应该满足的条件来确定各个主成分系数，从而也就求出了各个主成分，这是我们需要解决的问题。

（1）由条件可知，F_i、F_j 互不相关；并由此得知，$F_1, F_2, \cdots, F_p$ 之间的协方差矩阵为对角矩阵，也就是 F 的协方差矩阵

$$\mathrm{Var}(F) = \mathrm{Var}(AX) = (AX) \times (AX)^{\mathrm{T}} = AXX^{\mathrm{T}}A^{\mathrm{T}} = \Lambda = \begin{pmatrix} \lambda_1 & & & \\ & \lambda_2 & & \\ & & \ddots & \\ & & & \lambda_p \end{pmatrix}$$

为对角矩阵。

（2）用 V 表示样本数据得到的协方差矩阵，标准化后得到的相关矩阵应该等于协方差矩阵，即 $V = R = XX^{\mathrm{T}}$。

（3）由上述的第三个条件可知，A 为正交矩阵。从而由正交矩阵的定义可知 $AA^{\mathrm{T}} = I$，故 $\mathrm{Var}(F) = \mathrm{Var}(AX) = AXX^{\mathrm{T}}A^{\mathrm{T}} = ARA^{\mathrm{T}} = \Lambda$，根据 $AA^{\mathrm{T}} = I$，得 $RA^{\mathrm{T}} = A^{\mathrm{T}}\Lambda$，将上式展开得

$$\begin{pmatrix} r_{11} & r_{12} & \cdots & r_{1p} \\ r_{21} & r_{22} & \cdots & r_{2p} \\ \vdots & \vdots & & \vdots \\ r_{p1} & r_{p2} & \cdots & r_{pp} \end{pmatrix} \begin{pmatrix} a_{11} & a_{21} & \cdots & a_{p1} \\ a_{12} & a_{22} & \cdots & a_{p2} \\ \vdots & \vdots & & \vdots \\ a_{1p} & a_{2p} & \cdots & a_{pp} \end{pmatrix} = \begin{pmatrix} a_{11} & a_{21} & \cdots & a_{p1} \\ a_{12} & a_{22} & \cdots & a_{p2} \\ \vdots & \vdots & & \vdots \\ a_{1p} & a_{2p} & \cdots & a_{pp} \end{pmatrix} \begin{pmatrix} \lambda_1 & & & \\ & \lambda_2 & & \\ & & \ddots & \\ & & & \lambda_p \end{pmatrix}$$

整理得

$$\begin{pmatrix} \sum\limits_{j=1}^{p} r_{1j}a_{1j} & \sum\limits_{j=1}^{p} r_{1j}a_{2j} & \cdots & \sum\limits_{j=1}^{p} r_{1j}a_{pj} \\ \sum\limits_{j=1}^{p} r_{2j}a_{1j} & \sum\limits_{j=1}^{p} r_{2j}a_{2j} & \cdots & \sum\limits_{j=1}^{p} r_{2j}a_{pj} \\ \vdots & \vdots & & \vdots \\ \sum\limits_{j=1}^{p} r_{pj}a_{1j} & \sum\limits_{j=1}^{p} r_{pj}a_{2j} & \cdots & \sum\limits_{j=1}^{p} r_{pj}a_{pj} \end{pmatrix} = \begin{pmatrix} \lambda_1 a_{11} & \lambda_2 a_{21} & \cdots & \lambda_p a_{p1} \\ \lambda_1 a_{12} & \lambda_2 a_{22} & \cdots & \lambda_p a_{p2} \\ \vdots & \vdots & & \vdots \\ \lambda_1 a_{1p} & \lambda_2 a_{2p} & \cdots & \lambda_p a_{pp} \end{pmatrix}$$

由矩阵相等的定义及第 1 列相等得到方程：

$$\begin{cases} \left(r_{11}-\lambda_1\right)a_{11}+r_{12}a_{12}+\cdots+r_{1p}a_{1p}=0 \\ r_{21}a_{11}+\left(r_{22}-\lambda_1\right)a_{12}+\cdots+r_{2p}a_{1p}=0 \\ \qquad\qquad\qquad \vdots \\ r_{p1}a_{11}+r_{p2}a_{12}+\cdots+\left(r_{pp}-\lambda_1\right)a_{1p}=0 \end{cases}$$

从而 $\begin{vmatrix} \left(r_{11}-\lambda_1\right) & r_{12} & \cdots & r_{1p} \\ r_{21} & \left(r_{22}-\lambda_1\right) & \cdots & r_{2p} \\ \vdots & \vdots & & \vdots \\ r_{p1} & r_{p2} & \cdots & \left(r_{pp}-\lambda_1\right) \end{vmatrix} = 0$ ，即 $\left|R-\lambda_1 I\right|=0$ ，由特征值的定义可知，

λ_1 是 R 的特征值，而 $a_1=(a_{11},a_{12},\cdots,a_{1p})^{\mathrm{T}}$ 是属于特征值 λ_1 的特征向量。同样地，由第 2 列相等，第 3 列相等，$\cdots$，第 p 列相等，可以得到，$\lambda_i\,(i=2,3,\cdots,p)$ 是相关系数矩阵的特征值，而 $a_i=(a_{i1},a_{i2},\cdots,a_{ip})^{\mathrm{T}}$ 是属于特征值 λ_i 的特征向量。

（4）证明 $\mathrm{Var}(F_1)\geqslant\mathrm{Var}(F_2)\geqslant\cdots\geqslant\mathrm{Var}(F_p)$ 。不妨设矩阵 R 的 p 个特征值：

$\lambda_1\geqslant\lambda_2\geqslant\cdots\geqslant\lambda_p$，$\lambda_j$ 对应的特征向量为 a_j，$A=\begin{pmatrix} a_{11} & a_{12} & \cdots & a_{1p} \\ a_{21} & a_{22} & \cdots & a_{2p} \\ \vdots & \vdots & & \vdots \\ a_{p1} & a_{p2} & \cdots & a_{pp} \end{pmatrix}=\begin{pmatrix} a_1 \\ a_2 \\ \vdots \\ a_p \end{pmatrix}$ ，则 F_1

的方差为 $\mathrm{Var}(F_1)=a_1 X X^{\mathrm{T}} a_1^{\mathrm{T}}=a_1 R a_1^{\mathrm{T}}=\lambda_1$ ，同样地，$\mathrm{Var}(F_i)=\lambda_i$ ，故 $\mathrm{Var}(F_1)\geqslant\mathrm{Var}(F_2)\geqslant\cdots\geqslant\mathrm{Var}(F_p)$ 。

同时，$\mathrm{Cov}\left(a_i^{\mathrm{T}} X^{\mathrm{T}},a_j X\right)=a_i^{\mathrm{T}} R a_j=a_i^{\mathrm{T}}\left(\sum\limits_{k=1}^{p}\lambda_k a_k a_k^{\mathrm{T}}\right)a_j=\sum\limits_{k=1}^{p}\lambda_k\left(a_i^{\mathrm{T}} a_k\right)\left(a_k^{\mathrm{T}} a_j\right)=0,i\neq j$ 。

从而 $\mathrm{Var}(F) = \varLambda = \begin{pmatrix} \lambda_1 & & & \\ & \lambda_2 & & \\ & & \ddots & \\ & & & \lambda_p \end{pmatrix}$，且 A 的元素是相关矩阵对应特征值的特征

向量，故 A 为正交矩阵。

经过上述变换，由 $x_1, x_2, \cdots, x_p$ 可得到：

$$\begin{cases} F_1 = a_{11}x_1 + a_{12}x_2 + \cdots + a_{1p}x_p \\ F_2 = a_{21}x_1 + a_{22}x_2 + \cdots + a_{2p}x_p \\ \qquad\qquad\qquad \vdots \\ F_p = a_{p1}x_1 + a_{p2}x_2 + \cdots + a_{pp}x_p \end{cases}$$

其中，$F_1, F_2, \cdots, F_p$ 之间是两两互不相关的，且 $\mathrm{Var}(F_1) \geqslant \mathrm{Var}(F_2) \geqslant \cdots \geqslant \mathrm{Var}(F_p)$。由以上的分析得到了求主成分的步骤。

C. 主成分分析法的计算步骤

设样本观测矩阵：

$$X = \begin{pmatrix} x_{11} & x_{12} & \cdots & x_{1p} \\ x_{21} & x_{22} & \cdots & x_{2p} \\ \vdots & \vdots & & \vdots \\ x_{n1} & x_{n2} & \cdots & x_{np} \end{pmatrix}$$

首先，需要将数据标准化，为了方便起见，将标准化后的矩阵仍记为 X；其

次，计算样本的相关系数矩阵 R：$R = \begin{pmatrix} r_{11} & r_{12} & \cdots & r_{1p} \\ r_{21} & r_{22} & \cdots & r_{2p} \\ \vdots & \vdots & & \vdots \\ r_{p1} & r_{p2} & \cdots & r_{pp} \end{pmatrix}$，其中，$r_{ij} = \dfrac{1}{n-1} \sum\limits_{k=1}^{n} x_{ki} x_{kj}$

$(i, j = 1, 2, \cdots, p)$；再次，求出相关系数矩阵的特征值 $\lambda_1, \lambda_2, \cdots, \lambda_p$，以及属于各个特征值的特征向量 $a_i = (a_{i1}, a_{i2}, \cdots, a_{ip})^{\mathrm{T}}$；最后，写出重要的主成分及其表达式，并计算得分。

在做主成分分析时，有几个变量就有几个主成分，也就是说我们会得到 p 个主成分，但是不会选取所有的主成分，否则就达不到降低维数的目的了，因此给出了主成分的选取原则。一般情况下，会根据方差的贡献比重（比重越大，说明包含的原有信息越多）选取累积贡献比达到 85%的前几个主成分，这个原则是本书中要用到的一个原则。这里第 i 个主成分的方差占总成分的方差比记为第 i 个主成分的贡献率，即

$$贡献率 = \frac{\lambda_i}{\sum_{k=1}^{p} \lambda_k}$$

另外我们还可以计算主成分的得分：

$$\begin{pmatrix} F_{11} & F_{12} & \cdots & F_{1k} \\ F_{21} & F_{22} & \cdots & F_{2k} \\ \vdots & \vdots & & \vdots \\ F_{n1} & F_{n2} & \cdots & F_{nk} \end{pmatrix}$$

最后，根据得到的结果，可以进行下一步的统计分析。

3）投资者复合情绪指数

本节的目的是构造出投资者复合情绪指数，根据前文分析，在构造投资者复合情绪指数时应该考虑到提前和滞后效应，所以，在选取投资者情绪代理变量时，选取市场换手率（TURN）、投资者开户增长率（NOPEN）、IPO 数量（NIPO）、新股上市首日收益率（RIPO）、封闭式基金折价率（CEFD）及它们的滞后项来进行分析，从而构造投资者复合情绪指数。对这十个代理变量做主成分分析，结果见表 2-4，碎石图见图 2-7。

表 2-4　主成分分析结果

变量		PC_1	PC_2	PC_3	PC_4	PC_5	PC_6	PC_7	PC_8	PC_9	PC_{10}
特征向量	$CEFD_t$	−0.1225	0.6122	0.2477	0.0890	0.0195	0.0208	0.1377	0.1627	0.0267	−0.7029
	$NIPO_t$	0.2537	0.2618	−0.3508	−0.4198	−0.6697	0.3309	0.0049	−0.0953	0.0183	−0.0221
	$NOPEN_t$	0.4196	0.1457	0.2945	−0.0569	0.0913	−0.1373	−0.2469	−0.5461	−0.5693	−0.0476
	$RIPO_t$	0.3079	0.0654	−0.2430	0.5721	0.2465	0.6713	−0.0447	−0.0320	−0.0115	0.0002
	$TURN_t$	0.3866	−0.1867	0.3621	−0.0821	0.0296	0.0642	0.6015	−0.309	0.4617	−0.0464
	$CEFD_{t-1}$	−0.1267	0.6075	0.2608	0.0881	−0.0115	0.0375	0.2022	0.0399	−0.0076	0.7036
	$NIPO_{t-1}$	0.2044	0.2636	−0.5337	−0.3895	0.6093	−0.1890	0.2109	0.0202	0.0122	0.0143
	$NOPEN_{t-1}$	0.4235	0.1525	0.1818	−0.0571	0.0668	−0.1404	−0.6229	0.2286	0.5408	0.0649
	$RIPO_{t-1}$	0.2986	0.0884	−0.3227	0.5480	−0.3236	−0.5965	0.1934	0.0256	0.0048	−0.0020
	$TURN_{t-1}$	0.4171	−0.1638	0.2208	−0.1244	−0.0264	0.0616	0.2133	0.7173	−0.4108	0.0401
特征值		4.1759	2.2468	1.0902	0.8883	0.5225	0.4589	0.3098	0.2349	0.0547	0.0181
贡献率		0.4176	0.2247	0.1090	0.0888	0.0522	0.0459	0.0310	0.0235	0.0055	0.0018
累计贡献率		0.4176	0.6423	0.7513	0.8401	0.8923	0.9382	0.9692	0.9927	0.9982	1.0000

注：PC_1, PC_2, …, PC_{10} 分别表示第一主成分，第二主成分，…，第十主成分

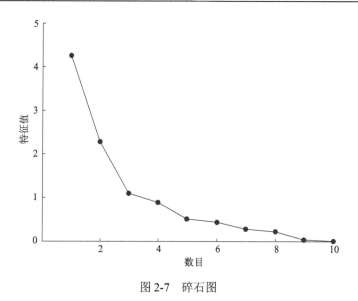

图 2-7　碎石图

由表 2-4 可以看出，前三个主成分的累计贡献率达到 75.13%，已经能比较好地反映出投资者情绪的总体变化了。并且对这些主成分的特征值进行观察可以看出，第三个主成分的特征值为 1.0902，而第四个主成分的特征值为 0.8883，可见从第四个主成分开始，特征值均低于 1，碎石图（图 2-7）也出现明显的拐弯，所以我们取前三个主成分。由表 2-4 可知：

$$PC_1 = -0.1225 \times CEFD_t + 0.2537 \times NIPO_t + 0.4196 \times NOPEN_t + 0.3079 \times RIPO_t$$
$$+ 0.3866 \times TURN_t - 0.1267 \times CEFD_{t-1} + 0.2044 \times NIPO_{t-1} + 0.4235 \times NOPEN_{t-1}$$
$$+ 0.2986 \times RIPO_{t-1} + 0.4171 \times TURN_{t-1}$$

$$PC_2 = 0.6122 \times CEFD_t + 0.2618 \times NIPO_t + 0.1457 \times NOPEN_t + 0.0654 \times RIPO_t$$
$$- 0.1867 \times TURN_t + 0.6075 \times CEFD_{t-1} + 0.2636 \times NIPO_{t-1} + 0.1525 \times NOPEN_{t-1}$$
$$+ 0.0884 \times RIPO_{t-1} - 0.1638 \times TURN_{t-1}$$

$$PC_3 = 0.2477 \times CEFD_t - 0.3508 \times NIPO_t + 0.2945 \times NOPEN_t - 0.2430 \times RIPO_t$$
$$+ 0.3621 \times TURN_t + 0.2608 \times CEFD_{t-1} - 0.5337 \times NIPO_{t-1} + 0.1818 \times NOPEN_{t-1}$$
$$- 0.3227 \times RIPO_{t-1} + 0.2208 \times TURN_{t-1}$$

我们取前三个主成分来构造投资者复合情绪指数的中间指标：

$$SENT_{1t} = \frac{0.4176}{0.7513} \times PC_1 + \frac{0.2247}{0.7513} \times PC_2 + \frac{0.1090}{0.7513} \times PC_3$$

考察该中间投资者复合情绪指数（$SENT_1$）与十个代理变量的相关系数见表 2-5。

表 2-5　中间投资者复合情绪指数与各代理变量及其滞后项之间的相关系数

中间投资者复合情绪指数	$CEFD_t$	$NIPO_t$	$NOPEN_t$	$RIPO_t$	$TURN_t$	$CEFD_{t-1}$	$NIPO_{t-1}$	$NOPEN_{t-1}$	$RIPO_{t-1}$	$TURN_{t-1}$
$SENT_1$	0.1350	0.5763**	0.9088**	0.5853**	0.6739**	0.1261	0.4608**	0.9055**	0.5701**	0.7258**

**表示在 5%的显著水平下是显著的

根据表 2-5 可以看出，该投资者复合情绪指数与当期封闭式基金折价率（$CEFD_t$）、当期投资者开户增长率（$NOPEN_t$）、当期 IPO 数量（$NIPO_t$）、当期新股上市首日收益率（$RIPO_t$）及滞后市场换手率（$TURN_{t-1}$）的相关性较大，因此我们选取 $CEFD_t$、$NOPEN_t$、$NIPO_t$、$RIPO_t$ 及 $TURN_{t-1}$ 作为最终的投资者情绪代理变量。

因为股票市场中的这些变量会受到宏观经济情况的影响，这部分影响属于理性变化，所以，我们应该从上述五个代理变量中将理性变化影响剔除，考虑其他因素引起的变化部分。本书选取 2004 年 1 月至 2015 年 6 月的 PPI、CPI 及 WAI 作为宏观经济变量的代理变量，分别将宏观经济变量的代理变量对选取的五个投资者情绪代理变量进行回归，所得到的残差作为剔除了宏观经济因素影响的投资者情绪代理变量，以此来进行主成分分析。上述变量的平稳性检验见表 2-6。

表 2-6　投资者情绪代理变量及宏观经济变量的平稳性检验

变量	ADF 检验		
	t 值	p 值	(c, t, k)
$TURN_{t-1}$	-3.6499	0.0293**	(1, 1, 0)
$NOPEN_t$	-2.6539	0.0849***	(1, 0, 1)
$NIPO_t$	-4.3421	0.0037*	(1, 1, 1)
$RIPO_t$	-4.3879	0.0032*	(1, 1, 1)
$CEFD_t$	-3.8539	0.0166**	(1, 1, 0)
CPI	-3.0381	0.0340**	(1, 0, 3)
PPI	-4.6685	0.0012*	(1, 1, 1)
WAI	-1.8981	0.0553***	(0, 0, 2)

*、**、***分别表示在 1%、5%、10%的显著水平下是显著的

注：c、t、k 分别表示常数项、趋势项和滞后阶数。ADF 检验全称为增广迪基-富勒检验（augmented Dickey-Fuller test）

由表 2-6 知，这八个变量均是零阶单整的，从而可以做回归分析及主成分分析。首先分别将选取的五个投资者情绪代理变量对宏观经济代理变量进行回归，并将所

得到的残差作为剔除了宏观经济因素影响的投资者情绪代理变量，$RCEFD_t$、$RNOPEN_t$、$RNIPO_t$、$RRIPO_t$、$RTURN_{t-1}$ 分别为当期封闭式基金折价率、当期投资者开户增长率、当期 IPO 数量、当期新股上市首日收益率及滞后市场换手率的非理性投资者情绪代理指标，然后可以使用这五个非理性投资者情绪代理变量进行主成分分析。对这五个变量进行主成分分析，结果如表 2-7 所示。

表 2-7　主成分分析法下各个主成分系数及相应贡献率

变量		PC_1	PC_2	PC_3	PC_4	PC_5
特征向量	$RCEFD_t$	−0.303 334	0.670 110	0.379 122	0.503 919	0.247 535
	$RTURN_{t-1}$	0.588 379	−0.054 498	−0.221 990	0.229 769	0.740 788
	$RNIPO_t$	0.278 494	0.709 999	−0.188 960	−0.617 640	−0.034 020
	$RNOPEN_t$	0.566 248	0.161 615	−0.096 810	0.505 062	−0.623 530
	$RRIPO_t$	0.404 479	−0.133 287	0.872 874	−0.238 130	0.004 364
特征值		2.269 941	1.193 651	0.759 228	0.510 673	0.266 507
贡献率		0.454 0	0.238 7	0.151 8	0.102 1	0.053 3
累计贡献率		0.454 0	0.692 7	0.844 6	0.946 7	1.000 0

注：本表贡献率未经修约，可能存在贡献率加总不等于累计贡献率的情况

本节在用主成分分析法构造投资者复合情绪指数时，通过表 2-7，利用主成分分析法的累计贡献率选取原则，可以用前三个主成分（累计贡献率为 84.46%）来构造投资者复合情绪指数，其被记为 $SENT_{2t}$。

$$SENT_{2t} = \frac{0.4540}{0.8446} \times PC_1 + \frac{0.2387}{0.8446} \times PC_2 + \frac{0.1518}{0.8446} \times PC_3$$

考察该投资者复合情绪指数与股票指数的相关关系，在此选取上证指数（SH）和深证指数（SZ），并且将这些指标标准化，表 2-8 表明了投资者复合情绪指数与上证指数及深证指数之间的相关关系。

表 2-8　投资者复合情绪指数与上证指数及深证指数之间的相关关系

投资者复合情绪指数	SH_t	SZ_t
$SENT_{2t}$	0.8633[*]	0.6764[*]

*表示在 1% 的显著水平下是显著的

可以发现，该投资者复合情绪指数与股票指数的关系比较密切。而图 2-8 中，SH1、SZ1、SENT41 分别表示标准化的上证指数、深证指数及投资者复合情绪指数。

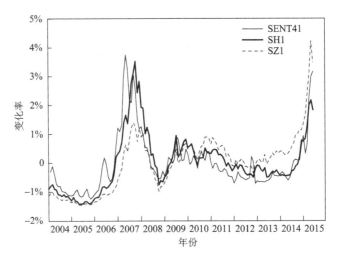

图 2-8　投资者复合情绪指数与上证指数及深证指数的关系图

从图 2-8 中能够发现，投资者复合情绪指数与股票指数的走势相当，且该指数在量能上和股票指数保持着一致性并且领先于股票指数。该投资者复合情绪指数在预测股票市场的最高点和最低点时比较有效，能够领先于股票指数做出反应，在预测股票市场高涨期或股票市场低迷期结束时能够提前发出信号，这表明本书构造的投资者复合情绪指数是比较合理的，并具有明显的可解释性。

2.3　本 章 小 结

本章主要介绍了本书所需要的货币政策理论及投资者情绪理论，并进一步构造了本书所需要的投资者复合情绪指数。

首先，本章介绍了货币政策理论。本书主要讨论货币政策的传导，因此本章先简要介绍了其相关概念，重点是货币政策的目标理论、工具与传导机制。本章通过货币政策的目标理论介绍了一些常用的中介目标，即中长期债券利率、货币供应量及贷款发放总额。在此基础之上，考虑到金融市场上金融异象的出现及随之发展起来的行为金融学，本章认为在货币政策的传导过程中，投资者情绪的作用越来越重要。

其次，本章介绍了投资者的情绪理论。根据相关文献的讨论，对投资者的情绪进行了简单定义，本书主要讨论投资者情绪在货币政策影响股票市场波动过程中的作用，以及货币政策对投资者情绪及股票市场波动的影响。因此，本章将投资者情绪定义为：投资者由于受到各种信息的影响，对未来股票市场的总体乐观判断或悲观判断。它影响了投资者的行为，进而影响了风险资产的价格。本章指出现有的衡量投资者情绪的指数主要分为显性指数和隐性指数，并且进一步分析了显性指数和隐性指数存在的不足，即显性指数的可靠性不足，而隐性指数的解释力比较差、预测力也不强，因此，需要构造一个更稳健的指数来衡量投资者情绪。

最后，本章构造了本书所需要的投资者复合情绪指数，其构造的关键在于：代理变量的选取、样本数据的选取，以及使用主成分分析时，投资者复合情绪指数的选取原则。针对上述三点，本章依次进行了解决。其中，对于代理变量的选取，在前人研究的基础上，结合中国股票市场的特点及样本数据的可得性，本章主要选取了市场换手率（TURN）、投资者开户增长率（NOPEN）、IPO 数量（NIPO）、新股上市首日收益率（RIPO）及封闭式基金折价率（CEFD）这五个变量。另外，在使用主成分分析法构造该指数时，主要依据贡献率原则和碎石图原则来选取主成分，进而构造出投资者复合情绪指数，并进一步将该投资者复合情绪指数与上证指数和深证指数进行比较，发现构造的投资者复合情绪指数能够比较好地反映出股票市场的变化，对股票市场具有一定的解释力，为进一步研究投资者情绪在货币政策影响股票市场波动过程中的作用起到了铺垫作用。

第3章　货币政策对投资者情绪及股票市场波动影响的传导机制

3.1　货币政策对投资者情绪影响的传导机制

3.1.1　货币政策对投资者情绪影响的理论分析

经典的金融理论认为，货币政策可以通过影响股票市场上的相关变量进而影响经济，也就是说，货币政策可以通过股票市场这个途径传导至经济。但是在股票市场上占主体地位的是投资者，其行为会直接影响股票市场。当投资者受到其自身心理的非理性因素影响时，尽管也会试图理性地对相关信息进行加工整理，但最终投资者的投资决策会被投资者情绪所影响。

关于货币政策的传导机制理论在第 2 章已经详细介绍，货币政策的广义信用传导机制如下：货币政策→股权价格→个人财富→心理预期→投资→总产出。可见，心理预期（投资者情绪）在货币政策的传导过程中起着重要作用。

2009 年 Stephen[106]指出，2008 年全球性的金融危机爆发后，美国及时采取货币政策，但是投资者情绪几近崩溃，使得货币政策收效甚微。

2010 年，Kurov[34]分别进行了如下讨论：其一，投资者情绪对货币政策的反应；其二，股票市场对货币政策的反应。通过讨论得出，在股票市场的不同状态，货币政策的变化对投资者情绪的影响是不同的。

通过以上分析，我们做出假定 H_0：货币政策影响投资者情绪，且在股票市场的不同状态，这种影响具有非对称性。

3.1.2　货币政策对投资者情绪影响的传导途径

1. 利率传导途径

利率传导途径主要是指央行实行的货币政策会使市场上的短期利率发生变化，进而影响到投资者情绪。当央行实行宽松的货币政策，假设央行增加货币发行或买入债券以增加货币供应量时，一方面，影响到投资者对未来货币市场的预期，从而改变其投资的资金量；另一方面，央行增加货币发行量或买入债券以增加货币供应量时，会使得利率下降，从而影响了投资者对其所投资产品未来现金流的贴现率的预期，这种预期（情绪）势必会影响其投资行为。

2. 信贷传导途径

从信贷传导过程来看，货币政策也会对投资者情绪产生一定的影响。以紧缩的货币政策为例，当央行收紧信贷时，一方面，考虑到投资者投资资金的来源及流动性，尤其是融资、融券业务开展以后，收紧的信贷政策会影响投资者的投资预期，进而改变投资者的行为；另一方面，收紧的信贷政策会影响上市公司的经营规模及盈利能力，改变投资者的投资预期，进一步地会使投资者的行为发生变化。

货币政策对投资者情绪的影响，关键在于货币政策影响了投资者的心理预期，而对投资者而言，他们心理预期的改变直接左右其行为。经典的金融理论认为的货币政策传导及效果，均是在传导途径通畅情况下的一种理想化结果。但实际上，金融市场的运行比较复杂，货币政策的传导也是很复杂的，货币政策传导到金融市场的这个过程，投资者在其中起着重要作用。其行为会影响货币政策的传导效果，但是其行为又受到其心理的影响，并表现出非理性行为，因而也会使货币政策达不到预期效果。投资者对货币政策的认知偏差会导致其行为产生偏差，最终影响货币政策在股票市场的传导。本书主要关注投资者情绪在货币政策影响股票市场波动中的作用。另外，货币政策也会对投资者情绪产生影响，那么货币政策对投资者情绪有什么影响，货币政策引起的投资者情绪对股票市场波动又将产生什么样的影响，这都是本书所要研究的问题。事实上，在研究货币政策对股票市场的影响时，很多结果未能如理论预期的那样，这其实就是投资者情绪在其中起到了一定的作用。例如，2008 年，当全球金融危机爆发时，各国出台了相应的政策来应对该次危机，以减少危机对经济产生的冲击，尽管也实施了扩张的货币政策，但是因为消费者及投资者已经极度恐慌，其对经济的恢复失去了信心，所以各国采取的政策并没有达到预期效果，经济和股票市场也并没有如预期一样迅速好转。

3.2　投资者情绪对股票市场波动影响的传导机制

研究投资者情绪是为了检验投资者情绪对资本资产定价的影响，并试图用投资者情绪来解释各种市场异象，进而可以为投资决策和市场监管提供支持。

3.2.1　投资者情绪对股票市场波动影响的理论分析

1. 投资者情绪与股票市场

自从 1970 年法玛（Fama）提出有效市场假说（efficient market hypothesis），经典金融理论得到迅猛发展，该假说认为，市场中的投资主体是理性的并且资产的价格已经能够完全反映其基本价值。然而金融市场上出现的越来越多的异象给经典金融理论带来了巨大的冲击，从而促使金融学家对传统金融学的基本假设条件进行了更进一步的思考。20世纪七八十年代发展起来的行为金融学以投资者行为为研究对象，基于投资者心理、行为等从社会学角度来解释金融市场异象问题。投资者情绪是心理学术语，它在投资者行为中会有所体现。投资者情绪作为一个重要的概念，越来越受到重视，以研究投资者行为为目标的行为金融学日益发展，它发现股票市场上的投资者行为主要受到投资者自身心理因素的影响，这些心理因素包括：过度自信、羊群效应、处置效应及锚定效应。

1）过度自信

过度自信的投资者经常表现为，过高地估计自身的能力且过低地估计风险。在投资之前，缺乏对风险的认识，盲目地相信自己的判断，对自身能力估计不足，造成投资损失。但是在投资失败以后，又不吸取经验教训，不从自身找原因，却为自己的失败找借口，将失败归于运气不好等。这种投资者属于过度自信，在股票市场上常常是赔多赚少。

2）羊群效应

羊群效应是指在不确定的情境下，投资者的投资行为决策并不是完全基于已有的基本信息，而是受到其他因素的影响来学习或模仿他人行为。

3）处置效应

大多数的投资者均是风险规避者，因此，对一些基本面好、盈利的股票会长期持有，以享受长期收益，而对亏损的股票则会迅速卖出，以降低亏损。但我国股票市场上，存在着一类投资者，他们的交易正好相反，对盈利的股票会迅速卖出，以保住已有的收益，而对亏损的股票则长期持有，这就是处置效应。这类投资者由于长期持有亏损股票，则会失去一些好的投资机会。

4）锚定效应

该效应是指，个人投资者总是习惯以过去的某个价值为标准来对未来进行预测并指导自己的行为。因为信息的不全面性，个人选取的价值标准很可能已经不适用于当前的情况，所以再用此标准来进行预判，就会产生偏差。这种带有主观性、片面性的做法是不可取的、极具风险的。作为投资者应该及时了解各种信息，客观判断形势，并及时纠正偏差而不能停留在过去某阶段的认知上。

上述股票市场中的四大心理因素均能够影响投资者的心理，进而影响他们的投资行为，从而影响到股票市场。

在股票市场上，信息不对称和市场噪声的存在，使得不同投资者的信念之间存在差异。在我国股票市场上，机构投资者所占比重相对来说较低。因此，个人投资者的行为对股票市场影响较大。我国股票市场成立时间短，各项法律、法规不健全、信息不对称，以及投资者自身专业素养不高，导致他们在股票市场上极易受到噪声信息的影响，并且反应过度、交易频繁，没有形成成熟完善的投资理念，从而使股票市场波动加剧。

1986 年 Black[3]首次引入了"噪声交易者"（noise trader）的概念，指出噪声交易者的存在提高了市场的流动性，却降低了市场的有效性。1990 年 Delong 等[89]提出了 DSSW 模型，首次在资产定价模型中考虑了投资者情绪的影响。1991 年 Lee 等[99]在上述模型基础上提出了投资者情绪假说（Lee-Shleifer-Thaler，LST）模型，用投资者情绪解释了封闭式基金折价之谜。DSSW 模型及 LST 模型为后面研究投资者情绪和股票市场的关系奠定了理论基础。我国比较早研究投资者行为对股票市场影响的是王美今和孙建军[71]，在其文章中对投资者情绪的选取是采用显性指数，直接选用《央视看盘》数据构造投资者情绪指数，而在模型选取方面，则对 DSSW 模型进行了扩展，将股票市场的投资者类型由两类扩充到三类，最后进行实证分析，讨论了中国股票市场上的收益、波动与投资者情绪的关系，该文章研究发现，投资者情绪变化只是影响中国股票市场收益率和波动率的一个系统性因素。张强和杨淑娥[79]利用主成分分析法构造投资者情绪指数，并研究了该指数与股票价格的关系，他们认为投资者情绪波动对股票价格的影响具有非对称性。2013 年，张宗新和王海亮[86]利用多元线性回归与脉冲响应函数讨论了投资者情绪、主观信念及市场波动之间的动态关系，指出投资者情绪对股票市场收益率和波动率均存在显著的正面影响。但是也有学者认为，股票市场所处的状态会影响投资者情绪对股票市场的影响。2007 年，何兴强和李涛[107]将中国股票市场划分为两个市场状态，利用 ANST-GARCH(M)-GED[①]模型讨论了股票市场收益和股票市场波动在不同市场状态下的非对称性，结果发现在不同的市场态势下，股票市场收益的均值回归特征具有显著的差异。2010 年，杨阳和万迪昉[81]利用 TARCH-M 模型考察了不同市场状态下投资者情绪对股票市场收益与波动的影响，并利用 VAR 模型考察了不同市场状态下投资者情绪和股票市场收益的相互影响，结果发现不同市场状态下，股票市场收益对投资者情绪的影响不同，同时投资者情绪对股票市场收益波动的影响也大相径庭。上述文献中的市场状态是事先确定的，确定市场状态后，再讨论在各个市场状态下投资者情绪、股票市场收益和股票市场波动的关系，事先确定股票市场状态的方法带有一定的主观性，这势必会忽略一些有价值的信息。Chen 等[69,70]利用主成分分析法构造投资者复合情绪指数，并利用该复合情绪指数作为门限变量来划分股票市场，利用 TAR 模型分别将香港股票市场和内地股票市场划分成三个区制，对每个区制中的股票市场收益率数据建立线性自回归（auto regressive，AR）模型，并讨论该模型的预测能力。

---

① ANST-GARCH(M)-GED 全称为 asymmetric non-linear smooth transition generalized autoregressive conditional heteroskedasticity models with GED distributed innovations。

2. 带有投资者情绪的 Fama-French 三因子模型

自 1964 年资本资产定价模型（capital asset pricing model，CAPM）提出以后，该模型在相当长的一段时间内被广泛地用于研究和实践领域，成为资本资产定价的工具。但是越来越多的无法解释的金融异象的发生，使得经济学家们对金融市场进行了更为深入的研究和了解。Fama 和 French 认为在现实的金融市场中，不只是市场风险会影响投资者的行为，其他风险也会影响投资者的行为，因此，其他风险也会影响资本资产的定价。于是二人在 1992 年将 CAPM 进行了修正，提出了三因子模型，如下所示：

$$r - r_f = \alpha(r_M - r_f) + s\text{SMB} + h\text{HML} \tag{3-1}$$

其中，$r_M - r_f$ 为市场中资产组合的超额收益；SMB（small minus big）为规模最小公司的股票组合和规模最大公司的股票组合的收益之差；HML（high minus low）为账面市值比（book to market，B/M）最高的股票组合和最低的股票组合的收益之差。

由模型（3-1）可知，风险资产的超额收益主要由三个方面的风险因素来决定：一是 $r_M - r_f$，即市场中资产组合的超额收益；二是 SMB，主要是公司的规模不同而引起的风险因素；三是 HML，主要是各个公司的账面市值比不同而引起的风险因素。

到了 20 世纪七八十年代，随着行为金融学的发展，越来越多的经济学家试图从投资者心理和行为等方面来解释金融市场异象问题，很多学者引进了带有投资者情绪的 CAPM，如下：

$$r_t - r_f = \alpha_0(r_M - r_f) + \alpha_1\text{SMB}_t + \alpha_2\text{HML}_t + \alpha_3\text{SENT}_t \tag{3-2}$$

其中，$r_M - r_f$、SMB、HML 含义同式（3-1）；SENT 为投资者情绪。

3.2.2 投资者情绪对股票市场波动影响的传导途径

1.4 节已经针对投资者情绪对股票市场的影响进行了讨论，接下来，本节将利用传统的 DSSW 模型构造一个单期模型来讨论投资者情绪对股票市场影响的传导途径。

1. 理论模型

1）DSSW 模型

1990 年 Delong 等[89]建立了 DSSW 模型，在该模型中将拥有错误信息的投资者称为噪声交易者，同时将这种错误信息称为投资者情绪。DSSW 模型为跨期代际结构模型，该模型主要有以下几个前提假设。

第一，假设该模型中的理性投资者的套利时间长度是两期。

第二，假设在市场上有两类投资者：理性投资者（用 r 表示）和噪声交易者（用 n 表示）。理性投资者能够正确处理噪声信息，对风险资产的收益分布具有正确的判断，并能在这一分布下使自己的期望收益最大化；而噪声交易者会受到噪声信息的影响，不能够正确判断风险资产的收益。假设噪声交易者对风险资产的价格估计可以用一个独立同分布的正态随机变量 ρ_t 来表示，且 $\rho_t \sim N(\rho^*, \sigma^2)$，其中，$\rho^*$ 衡量的是噪声交易者的平均情绪水平，进一步假设噪声交易者的比例为 α，则理性投资者的比例为 $1 - \alpha$。

第三，假设市场上有两种资产：无风险资产和风险资产。其中，无风险资产的价格为 1，无风险利率为 rf；风险资产的每期分红为 D_t，其供给是无弹性的，风险资产在时期 t 的价格为 p_t。

第四，假设投资者的效用函数类型相同，均具有下列形式：$U = -e^{-2\beta w}$。这里 $\beta(\beta > 0)$ 是绝对风险厌恶系数，w 表示投资者在 $t+1$ 时期的财富。投资者的期末财富的期望效用达到最大，也就相当于最大化 $E(w) - \beta \sigma_w^2$，其中，$E(w)$ 为最终财富的期望值，而 σ_w^2 为 t 期时财富的方差。

根据极值的必要条件可知，理性投资者会选择持有数量为 Q_r 的风险资产以使式（3-3）达到最大：

$$E_t(U) = E(w) - \beta \sigma_w^2 = w_{0r} + Q_r \left[\mathrm{rf} + {}_t p_{t+1} - (1 + \mathrm{rf}) p_t \right] - \beta Q_r^2 \left({}_t \sigma_{p_{t+1}}^2 \right) \quad （3-3）$$

其中，w_{0r} 为初始财富；$E_t(U)$ 为条件期望，${}_t \sigma_{p_{t+1}}^2$ 为条件方差，这两个均是以 t 期时的信息为条件的，而 ${}_t \sigma_{p_{t+1}}^2 = E \left[p - E(p_t) \right]^2$；${}_t p_{t+1}$ 表示已知 t 期价格条件下的 $t+1$ 期价格。

噪声交易者会选择持有数量为 Q_n 的风险资产以使得式（3-4）达到最大：

$$E_t(U) = E(w) - \beta \sigma_w^2 = w_{0n} + Q_n \left[\mathrm{rf} + {}_t p_{t+1} - (1 + \mathrm{rf}) p_t \right] - \beta Q_n^2 \left({}_t \sigma_{p_{t+1}}^2 \right) + Q_n (\rho_t) \quad （3-4）$$

式（3-4）与式（3-3）的唯一区别在于式（3-4）多了最后一项，该项也反映了噪声交易者对信息错误加工，从而导致了其持有风险资产时对期望回报产生的一种错觉。由式（3-3）和式（3-4）可以得到理性投资者和噪声交易者对风险资产的需求量：

$$Q_r = \frac{\mathrm{rf} + {}_t p_{t+1} - (1 + \mathrm{rf}) p_t}{2\beta \left({}_t \sigma_{p_{t+1}}^2 \right)} \quad （3-5）$$

$$Q_n = \frac{\mathrm{rf} + {}_t p_{t+1} - (1+\mathrm{rf}) p_t}{2\beta \left({}_t \sigma^2_{p_{t+1}} \right)} + \frac{\rho_t}{2\beta \left({}_t \sigma^2_{p_{t+1}} \right)} \qquad (3\text{-}6)$$

由需求函数和市场出清条件：$\alpha Q_n + (1-\alpha) Q_r = 1$ 可以得到市场的出清价格：

$$p_t^* = \frac{1}{1+\mathrm{rf}} \left[\mathrm{rf} + {}_t p_{t+1} - 2\beta \left({}_t \sigma^2_{p_{t+1}} \right) + \alpha \rho_t \right] \qquad (3\text{-}7)$$

此处假定，市场处于稳定状态下，有 p_t 和 p_{t+1} 的无条件分布一致，对式（3-7）进行迭代，可得

$$p_t^* = 1 + \frac{\alpha(\rho_t - \rho^*)}{1+\mathrm{rf}} + \frac{\alpha \rho^*}{\mathrm{rf}} - \frac{2\beta}{\mathrm{rf}} \left({}_t \sigma^2_{p_{t+1}} \right) \qquad (3\text{-}8)$$

其中，${}_t \sigma^2_{p_{t+1}}$ 为常数，且 ${}_t \sigma^2_{p_{t+1}} = \sigma^2_{p_{t+1}} = \dfrac{\alpha^2 \sigma^2_{\rho}}{(1+\mathrm{rf})^2}$。由此得到风险资产的最终定价公式：

$$p_t^* = 1 + \frac{\alpha(\rho_t - \rho^*)}{1+\mathrm{rf}} + \frac{\alpha \rho^*}{\mathrm{rf}} - \frac{2\beta \alpha^2 \sigma^2_{\rho}}{\mathrm{rf}(1+\mathrm{rf})^2} \qquad (3\text{-}9)$$

其中，第二项为噪声交易者对信息的错误理解对风险资产价格的影响；第三项为噪声交易者的平均情绪水平对风险资产价格的影响；第四项为投资者自己承担的价格风险补偿，从该项可以看出，这种风险补偿主要来自噪声交易者对信息处理的错误信念而并非来自基本价值的变化。综合分析，后三项从总体上反映了噪声交易者对风险资产价格的影响。

2）单期 DSSW 模型

2004 年，王美今和孙建军[71]表明，鉴于我国的实际情况，既然资产之间不能完全替代，所以根本不需要跨期代际结构模型。因此，在不需要跨期代际结构模型的基础上，下面构造一个单期 DSSW 模型，对模型做出如下假设。

第一，假设该模型只有一期。

第二，假设在市场上有两个投资者：理性投资者（用 r 表示）和噪声交易者（用 n 表示），理性投资者能够正确处理噪声信息，对风险资产的收益分布具有正确的判断，并能在这一分布下使自己的期望收益最大化；而噪声交易者会受到噪声信息的影响，不能够正确判断风险资产的收益。

第三，假设市场上有两种资产：无风险资产和风险资产。无风险资产的价格为 1；风险资产（主要指股票）的价格为 p，其中 $p \sim N(\overline{p}, \sigma^2_p)$。

第四，假设市场上的理性投资者和噪声交易者对股票初始价格的理解不同，设初始的股票价格信号为 sig，股票真实价格为 p，投资者接收的股票市场价格用随机变量 q 来表示。对噪声交易者而言，$\text{sig} = q + \varepsilon$，其中，随机变量 ε 表示噪声交易者对股票价格产生的错误股票价格，$\varepsilon \sim N(e, \sigma_\varepsilon^2)$，$e \neq 0$，表示噪声交易者的错误判断不能相互抵消。这是因为 sig 中的噪声信号部分只能影响噪声交易者，不会影响理性投资者，这会使噪声交易者的情绪发生改变，进而使噪声交易者对股票价格产生错误的判断。噪声交易者对股票价格的估价为 $p + \varepsilon$，而理性投资者不受噪声信息的影响，对股票价格的估价为 p，且 $p \sim N(\overline{p}, \sigma_p^2)$。

第五，假设投资者的效用函数类型相同，均具有下列形式：$U = -e^{-2\beta w}$。这里 $\beta(\beta > 0)$ 是绝对风险厌恶系数，$w_{0i}(i = r, n)$ 表示投资者的期初财富，期末财富为 w_{1i}，$w_{1i} = w_{0i} + Q_i(p - p_0)$，其中，$p_0$ 为股票的初始价格，Q_i 为投资者对股票的需求量。

股票价格 $p \sim N(\overline{p}, \sigma_p^2)$，从而 $w_{1i} = w_{0i} + Q_i(p - p_0)$ 也服从正态分布。理性投资者不受噪声信息的影响，因此 $E_r(p | \text{sig}) = E_r(p) = \overline{p}$，故：

$$
\begin{aligned}
E\left[U\left(w_{1r} | \text{sig}\right)\right] &= -\exp\left\{-2\beta\left[E_r\left(w_{1r} | \text{sig}\right) - \beta\text{Var}_r\left(w_{1r} | \text{sig}\right)\right]\right\} \\
&= -\exp\left\{-2\beta\left[w_{0r} + Q_r\left(\overline{p} - p_0\right) - \beta\text{Var}_r\left(w_{1r} | \text{sig}\right)\right]\right\}
\end{aligned}
$$

而 $\text{Var}_r\left(w_{1r} | \text{sig}\right) = \text{Var}_r\left(w_{0r} + Q_r(p - p_0) | \text{sig}\right) = Q_r^2\text{Var}_r\left((p - p_0) | \text{sig}\right) = Q_r^2\sigma_p^2$，因此：

$$
\begin{aligned}
E\left[U\left(w_{1r} | \text{sig}\right)\right] &= -\exp\left\{-2\beta\left[w_{0r} + Q_r\left(\overline{p} - p_0\right) - \beta Q_r^2\sigma_p^2\right]\right\} \\
&= -\exp\left\{-2\beta w_{0r} - 2\beta Q_r\left(\overline{p} - p_0\right) + 2\beta^2 Q_r^2\sigma_p^2\right\}
\end{aligned}
$$

$$
\begin{aligned}
\frac{\partial\left(E\left[U\left(w_{1r} | \text{sig}\right)\right]\right)}{\partial Q_r} &= -\exp\left\{-2\beta w_{0r} - 2\beta Q_r\left(\overline{p} - p_0\right) + 2\beta^2 Q_r^2\sigma_p^2\right\} \\
&\quad \times\left[-2\beta\left(\overline{p} - p_0\right) + 4\beta^2 Q_r\sigma_p^2\right]
\end{aligned}
$$

由极值的必要条件可知 $\dfrac{\partial\left\{E\left[U\left(w_{1r} | \text{sig}\right)\right]\right\}}{\partial Q_r} = 0$，从而

$$
Q_r = \frac{\left(\overline{p} - p_0\right)}{2\beta\sigma_p^2} \tag{3-10}
$$

同理，在给定 sig 的条件下，噪声交易者关于期末财富效用的期望为

$$E\left[U\left(w_{1n}|\text{sig}\right)\right] = -\exp\left\{-2\beta\left[E_n\left(w_{1n}|\text{sig}\right) - \beta\text{Var}_n\left(w_{1n}|\text{sig}\right)\right]\right\}$$
$$= -\exp\left\{-2\beta\left[w_{0n} + Q_n\left(E_n\left(p|\text{sig}\right) - p_0\right) - \beta\text{Var}_n\left(w_{1n}|\text{sig}\right)\right]\right\}$$
$$= -\exp\left\{-2\beta w_{0n} - 2\beta Q_n\left(E_n\left(p|\text{sig}\right) - p_0\right) + 2\beta^2 Q_n^2 \text{Var}_n\left(p|\text{sig}\right)\right\}$$

令 $\dfrac{\partial\left\{E\left[U\left(w_{1n}|\text{sig}\right)\right]\right\}}{\partial Q_n} = 0$ 得

$$Q_n = \frac{E_n\left(p|\text{sig}\right) - p_0}{2\beta\text{Var}_n\left(p|\text{sig}\right)} \tag{3-11}$$

因为：

$$E_n\left(p|\text{sig}\right) = E_n\left(p\right) + \frac{\text{Cov}\left(p,\text{sig}\right)}{\text{Var}\left(\text{sig}\right)}\left(\text{sig} - E_n\left(\text{sig}\right)\right) = \overline{p} + \frac{\sigma_p^2}{\sigma_p^2 + \sigma_\varepsilon^2}\left(p + \varepsilon - \overline{p} - e\right)$$

$$\text{Var}_n\left(p|\text{sig}\right) = \text{Var}_n\left(p\right) - \frac{\left(\text{Cov}\left(p,\text{sig}\right)\right)^2}{\text{Var}\left(\text{sig}\right)} = \sigma_p^2 - \frac{\left(\sigma_p^2\right)^2}{\sigma_p^2 + \sigma_\varepsilon^2} = \frac{\sigma_p^2 \sigma_\varepsilon^2}{\sigma_p^2 + \sigma_\varepsilon^2}$$

故 $Q_n = \dfrac{\overline{p} + u\left(p + \varepsilon - \overline{p} - e\right) - p_0}{2\beta v}$，其中 $u = \dfrac{\sigma_p^2}{\sigma_p^2 + \sigma_\varepsilon^2}$，$v = \dfrac{\sigma_p^2 \sigma_\varepsilon^2}{\sigma_p^2 + \sigma_\varepsilon^2}$。

如果在一期内不发行新股也不发生配股现象，则市场的出清条件为 $Q_r + Q_n = 0$，则得到：

$$p_0 = \frac{\sigma_p^2 p + 2\sigma_\varepsilon^2 \overline{p} + \sigma_p^2\left(\varepsilon - e\right)}{\sigma_p^2 + 2\sigma_\varepsilon^2} \tag{3-12}$$

同 DSSW 模型，假设一期内的股票真实价格 p 的分布与 p_0 的分布相同，以此化简式（3-12）得

$$p_0 = \overline{p} + \frac{\sigma_p^2\left(\varepsilon - e\right)}{2\sigma_\varepsilon^2} \tag{3-13}$$

式（3-13）表明：股票初始价格除了与其自身价值 $\overline{p}$ 有关，还与 σ_p^2、$\varepsilon - e$ 及 σ_ε^2 有关。其中，σ_p^2 为股票价格自身的分布，它与初始价格同向变化，$p_0 - \overline{p}$ 是 σ_p^2 的

增函数，即 σ_p^2 增加，$p_0 - \bar{p}$ 也会增加。而 $p_0 - \bar{p}$ 也是 $(\varepsilon - e)$ 的增函数，因为

$$\frac{\partial p_0}{\partial(\varepsilon - e)} = \frac{\sigma_p^2}{2\sigma_\varepsilon^2} > 0 \ ，\ 其中，\ \varepsilon - e \ 是用来衡量噪声交易者的情绪变化的。$$

$\dfrac{\partial p_0}{\partial(\varepsilon - e)} = \dfrac{\sigma_p^2}{2\sigma_\varepsilon^2} > 0$ 表明股票的均衡价格会随着投资者情绪的乐观程度变化而变化，并且它们是同向变化的，即投资者越乐观，股票的均衡价格会越偏离其基本价值。

之所以出现这种现象，原因在于：$\dfrac{\partial Q_n}{\partial(\varepsilon - e)} = \dfrac{u}{2\beta v} > 0$，投资者乐观情绪的增强会增加噪声交易者对股票的需求量，从而推动股票价格上涨；反过来，投资者的悲观情绪会使得股票价格下降。σ_ε^2 表示的是投资者情绪变化引起的风险，它与股票初始价格的变化方向相反，表明噪声交易者的情绪变化引起的风险可以通过股票市场收益来弥补。风险的增加导致了股票初始价格的下降，这说明高风险伴随着高收益；反之，要获得高收益就需要承担高风险。

2. 投资者情绪对股票市场波动影响的具体途径

投资者情绪实际上是投资者的一种心理活动，它反映了参与股票市场的投资者的投资意愿或预期，投资者的这种情绪直接影响他们的投资行为，进而影响股票市场，投资者情绪主要通过以下传导途径影响股票市场。

1）市场流动性传导途径

当投资者乐观时，其参与市场的积极性增加，使得股票市场的流动性增强，在流动性增强的同时，伴随着流动性风险的增加，即式（3-13）中的 σ_p^2 增加，从而股票市场的均衡价格会上升；反之，当投资者情绪下降即投资者对未来股票市场呈现悲观情绪时，会降低股票市场的流动性风险，进而降低了股票市场的均衡价格。因此，投资者情绪能够通过影响股票市场流动性来影响股票价格。可以如下表示有投资者情绪的市场流动性传导途径：

投资者情绪↑→市场的流动性↑→流动性风险↑→股票市场的均衡价格↑

2）投资者开户增长率传导途径

投资者情绪可以通过影响证券市场上的投资者开户增长率来影响股票市场。当投资者情绪高涨时，一般情况下，会使得股票市场收益增加。在这种情况下，一方面,场外投资者会受到高额收益的影响加入股票市场(通过新增开户数表现)，从而也为股票市场提供了新的资金；另一方面，会使得场内投资者调整投资方案，加大投资力度，为股票市场发展提供更多资金。总之，市场上资金量的增加，会使股票需求量增加，进而使得股票价格上涨。上述有投资者情绪的投资者开户增

长率传导途径，可以如下表示：

投资者情绪↑→投资者开户增长率↑→市场资金量↑→股票需求量↑→股票价格↑

3）新股上市首日收益率传导途径

投资者的乐观心理会促使其在新股上市当天追涨新股，导致新股上市首日收益率增加。当投资者情绪高涨时，投资者对新股申购及新股上市首日购买的热情高涨，从而使得新股上市首日收益率增加，进而使股票市场的均衡价格上升。因为我国从2013年底开始实行新股上市涨跌幅限制，所以当投资者情绪高涨时，基本新股上市首日都会达到涨幅上限，此时，新股上市首日起连续涨停板个数可以反映出投资者情绪，并且投资者情绪高涨的话，会使得连续涨停板个数增加，从而使得股票市场的均衡价格上升。

4）封闭式基金折价率传导途径

当投资者信任股票市场，对股票市场持有乐观态度时，则会使得封闭式基金折价率下降。而封闭式基金折价率的下降，会使得投资者在进行资产配置时，投入股票市场的资金量增加，从而影响股票价格。

随着行为金融学的发展，越来越多的学者开始关注投资者行为，而投资者行为（情绪）之所以会对股票市场产生影响，主要在于现实金融市场的复杂性，以及投资者自身的专业能力和处理信息的能力。投资者作为市场的投资主体，其心理比较复杂，不能完全按照金融学的假设而做到完全理性，他们对某些信息可能理解不全面而出现偏差，造成了他们对未来股票市场走势的错误判断，这种判断会对其投资行为产生一定的影响。他们的投资行为通过种种形式表现出来。例如，大量新的投资者涌入股票市场（这种行为使得投资者开户增长率增加）、频繁交易以赚取差价（这种行为增加了股票市场的流动性，增加了流动性风险）、狂追新股（导致新股中签率低，上市首日收益率高）等，这些投资行为都会影响到股票市场及其均衡价格，进而影响股票市场波动。

3.3 货币政策对股票市场波动影响的传导机制

货币政策作用于宏观实体经济的重要渠道之一是股票市场。而央行货币政策的操作将对股票价格起着重要的作用，那么，这一政策操作将如何影响股票的价格波动是学术界关注的焦点。学术界广泛关注货币政策与股票市场的关系。央行实行货币政策的目的是稳定物价和抑制通货膨胀，在抑制通货膨胀的同时，调整资产价格以促进经济增长。

3.3.1   货币政策对股票市场波动影响的理论分析

随着我国金融市场的不断发展和完善，股票市场不仅在企业融资、资金配置和公司治理上发挥着巨大的作用，同时还对货币政策的制定和实施起到了一定的作用。在我国，随着股票市场的不断发展，货币政策的传导机制更加多样化（见2.1.3 小节）。传统的货币政策理论认为，在投资者理性的前提下，货币当局能够通过金融市场这个途径来实现其稳定物价、促进产出的目的。央行通过选择适合的货币政策工具来进行宏观调控。货币政策通过改变利率等金融工具的相对价格来对资金流向进行调控，资金流向会改变投入股票市场的资金量，进而影响股票价格。同时，货币政策对资金流向的调控也会使得各个企业改变其投资方向和力度，进而影响各企业的业绩，业绩的变化会影响这些企业在股票市场的表现。货币政策影响股票市场的主要手段有货币供应量、利率等。

1. 货币供应量对股票市场波动的影响

假定货币需求量一定，则扩张的货币政策可通过如下方式影响股票市场波动：①央行采取扩张的货币政策，增加货币供应量，则公众手中持有的货币量增加，因此会加大其在股票市场的投入，增加其对股票的需求，进而推动股票价格上涨。而股票价格的上涨会使股票市场波动发生改变。②货币供应量增加，会使得利率下降，在替代效应的作用下，公众会增加其在股票市场上的资产配置数量。③对企业而言，货币供应量的增加，使得企业的融资难度降低，这会加大其在金融领域的投资，从而加大了其对股票的需求量，因此也会推动股票价格上涨，改变股票市场波动。④在中国的股票市场上，投资者情绪更容易受到政策面的影响，实施宽松的货币政策会使得投资者对未来经济更加乐观，因此，其对股票市场预期向好，在投资者情绪的作用下使得股票市场波动加剧。

但是现实的股票市场运行比较复杂，股票市场的不完全性，央行的货币政策从制定到实施具有一定的延迟性，投资者情绪的存在使得股票市场的变动具有先行性，种种因素导致货币政策和股票市场之间的关系也仅局限在理论层面上，而且货币供应量对股票市场的影响有可能不会与上述规律完全一样。

2. 利率对股票市场波动的影响

利率作为影响股票价格的一个重要因素，它的变化一般与股票价格的变化方向相反。一般情况下，利率的调整对股票市场的影响较大。利率主要通过以下方面来影响股票市场：一是利率的改变，一方面会影响市场参与者对贴现率的预期；另一方面会影响企业的投资，其后影响股票的内在价值，从而改变股票的价格，进而影响股票市场波动。二是利率的改变会使投资者重新调整自己的投资组合，对自己的资金重新配置，从而增加或减少在股票市场上的投入，进而影响股票市场。

已有相关文献对货币政策和股票市场的关系进行了研究，结论也不尽相同。

2005 年，Bernanke 和 Kuttner[1]研究了利率与股票市场的关系，发现股票市场对美国联邦基金未预期到的利率变化反应比较强烈，而对于能够预期到的利率变化反应反而比较小，他们还发现，利率中未预期到的部分与股票价格之间是反向变化的。2008 年 Christos 和 Alexandras[108]用现金流模型，研究了 1972～2002 年 13 个经济合作与发展组织（Organization for Economic Co-operation and Development，OECD）国家的货币政策变动对股票市场的影响，发现该影响是显著的。但 2008 年 Alatiqi 和 Fazel[109]利用美国股票市场数据也对货币政策与股票市场之间的关系进行了研究，结果发现，不论是长期还是短期，货币供应量与股票价格之间均没有显著的负向关系。在国内，2003 年孙华好和马跃[37]运用动态滚动 VAR 模型对货币供应量与股票市场的关系进行了研究，发现货币供应量不能显著地影响股票价格；而陈晓莉[110]于 2003 年利用向量误差修正模型（vector error errection model，VECM）对中国股票市场的部分月度数据进行分析，发现上证指数和 M1（货币供应量）之间存在着长期的均衡关系。但是也有人认为，经济所处状态或金融市场所处状态的不同，使得货币政策对股票市场的影响也是不同的。McQueen 和 Roley[111]于 1993 年经研究发现，宏观经济变量对股票市场的影响随着经济状态的不同而不同。在经济扩张期，宏观经济变量的变动对股票市场的影响更大。在国内，郑鸣等 2011 年[45]利用 MS-VAR 模型对不同市场状态的货币政策对股票价格的影响进行研究，发现在股票市场的低迷期和高涨期，货币政策工具对股票价格的影响在时间、方向和程度上都有所不同。胡金焱和郭峰于 2012 年[52]用 EGARCH 模型分析了在不同市场状态下，货币政策冲击对股票市场的影响，发现了这种影响是非对称的。

但是随着“噪声交易者”概念的提出，投资者的非理性行为受到了广泛的关注。央行实行的货币政策对股票市场的影响未能如央行的理性预期，货币政策在股票市场传导的过程中，投资者的非理性行为起到了一定的作用。2010 年 Kurov[34]研究了货币政策、投资者情绪和股票市场的关系，通过建立回归模型发现，投资者情绪在货币政策对股票市场的影响过程中起到了重要的作用，而且这个作用与市场状态有关。2010 年，郭乃锋等[112]利用结构因子扩充向量自回归（structural factor-augmented vector autoregression，SFAVAR）模型进行了实证分析，发现情绪因子在当地货币政策传导过程中起到了重要的作用。在实际的经济运行过程中，投资者情绪在货币政策影响股票市场波动的过程中所起的作用还需要进一步验证，本书将采用投资者复合情绪指数来测度投资者情绪，建立统计模型，分析投资者情绪对货币政策影响股票市场波动所起到的作用。

3.3.2　货币政策对股票市场波动影响的传导途径

1. 理论模型

由现金流模型可知：

$$P_t = E_t\left[\sum_{i=1}^{T}\frac{D_{t+i}}{(1+R)^i}\right] + E_t\left[\frac{P_{t+T}}{(1+R)^T}\right]$$

其中，E_t 为 t 时期的条件期望算子；P_t 为 t 时期的股票市场价格；D_{t+i} 为股票的未来股利；R 为贴现率；T 为投资者持有股票的期数。

由条件 $\lim\limits_{T\to\infty}E_t\left[\dfrac{P_{t+T}}{(1+R)^T}\right]=0$ 可得

$$\lim_{T\to\infty}P_t = E_t\left[\sum_{i=1}^{T}\frac{D_{t+i}}{(1+R)^i}\right] \qquad (3\text{-}14)$$

由式（3-14）可知，货币政策通过两个变量——贴现率 R 和股票的未来股利 D_{t+i} 来影响股票价格。

首先，货币政策可以通过改变股票的未来股利来影响股票价格。货币政策的改变可以改变公司的基本面，因而可以影响股票的未来股利，从而影响股票价格。其次，货币政策通过影响贴现率来影响股票价格。货币政策的变化（不论是宽松的货币政策还是紧缩的货币政策）首先改变的是利率，利率的变化也会改变公司的基本面，从而影响贴现率，进而影响股票价格。

2. 货币政策对股票市场影响的具体途径

1）货币供应量传导途径

首先，货币供应量的变化会改变社会上流通的货币总量，相应地，流入股票市场的货币量也会发生变化，从而改变股票价格；其次，社会上流通的货币量的变化会使得企业基本面发生变化，进而影响企业在股票市场上的表现，也就影响了股票价格；最后，货币供应量的变化，会使人们对货币政策的调整产生预期，从而也会改变他们在股票市场上的投资行为，进而改变股票价格。上述传导过程可如下表示：

货币供应量→投资者预期→股票市场的资金供应量→股票市场

货币供应量→单位货币的边际效用→股票市场的资金供应量→股票市场

货币供应量→利率→未来股利的现值预期→股票市场

货币供应量→企业的投资→未来现金流→股票内在价值→股票市场

综合这几种传导途径，货币供应量的变化与股票价格的变动是同向的，即货币供应量减少会使股票价格下降。

2）利率传导途径

股票市场对央行存贷款基准利率政策调整的反应主要通过如下几个效应来进行。

一是影响股票的内在价值，这个效应与货币供应量对股票市场影响的第三个传导途径类似，由式（3-14）知，股票的内在价值取决于贴现率 R 和股票的未来股利 D_{t+i}，在风险一定的情况下，股票价格与贴现率成反比。例如，在风险不变的情况下，当央行提高利率，则贴现率会随之增加，使得股票的内在价值反而下降了，表现出来则是股票价格下降；反之，如果下调利率，则贴现率也会随之下调，从而导致股票的内在价值上升，表现出股票价格上升。上述传导过程可如下表示：

基准利率→贴现率→股票的内在价值→股票市场

二是通过影响投资组合效应来影响股票市场。利率变动会导致金融市场上各种金融产品的相对价格发生变动，因此对投资者而言，其为了达到保值和增值的目的，会根据货币政策调整的方向在债券、股票和储蓄之间重新配置资产，进而改变投资者的投资组合，从而引起股票市场的变动。具体而言，当央行实行提高存贷款基准利率的货币政策时，储蓄等安全资产的收益会相应增加，而股票等风险资产的收益就会相对下降，此时，投资者会增加储蓄等安全资产的投资比例而降低股票等风险资产的投资比例，一部分资金从股票市场撤离到了储蓄，因此，会使得股票市场的资金流降低，从而股票的价格就会下降；反之，当央行实行降低存贷款基准利率的货币政策时，这一政策会使储蓄的收益相对下降而股票等风险资产的收益相对上升，因此部分资金会从储蓄转到股票市场，从而股票市场的资金量会增加，导致股票价格上升，进而引起股票市场的波动。

三是存贷款基准利率政策的宣告效应。在我国的货币政策工具当中，除了公开市场操作，其他货币政策工具的调整时间都是非规则性的，因此，这些货币政策工具的调整时间对各级市场及市场上的各类投资者而言都是绝对机密的，故而在货币政策工具的调整时间公布以后，各种金融市场均会对该调整产生一定的响应，并会发生波动。

四是改变企业投融资成本。存贷款基准利率的调整会改变企业的投融资成本，进而影响企业的利润，对企业的分红产生影响，从而影响股票市场上的股票价格。具体而言，如果央行提高贷款基准利率，则增加了企业的融资成本，一方面企业负担的利息增加；另一方面企业的生产经营成本也相应增加，从而导致了企业的利润减少，该企业的分红也会相应减少，股票的内在价值就会下降，表现在股票市场上，该企业的股票价格也会下调。反之，如果央行降低贷款基准利率，则会使企业的融资成本下降，使得企业一方面负担的利息下降；另一方面企业的生产经营成本也下降，从而导致企业的盈利能力增强，利润增加，因此，企业的分红也会相应增加，股票的内在价值会上升，表现在股票市场上，股票价格会相应上调。上述传导过程可如下表示：

贷款基准利率→企业的投资成本→企业的利润→股票内在价值→股票市场

3）信贷传导途径

尽管央行的货币政策操作目标的选择已经转向了货币供应量。但是银行信贷规模的变化仍然会影响到股票市场。一方面，企业筹集资金的重要来源仍然是银行贷款，因此，银行信贷规模的变化会影响企业融资的资金数量，从而影响企业的规模和盈利能力，进一步地影响股票价格；另一方面，尽管银行资金不能直接进入股票市场，但是信贷规模的变化，会通过一些渠道直接或间接影响股票市场。2001 年，吴晓求等[113]认为信贷的变化会通过改变票据贴现、债券回购、企业贷款等方式，使得信贷资金进入股票市场，从而影响股票市场。

3.4　本　章　小　结

本章在系统阐述货币政策相关理论及科学界定投资者情绪内涵的基础上，进一步研究了货币政策对投资者情绪的影响、投资者情绪对股票市场波动的影响，以及货币政策对股票市场波动影响的传导机制。首先，根据行为金融学的相关理论，具体分析了货币政策对投资者情绪影响的传导机制及传导途径，发现它能通过利率传导途径、信贷传导途径影响投资者情绪，进而影响投资者的投资行为。其次，从投资者的行为和心理等社会学角度，讨论了投资者情绪对股票市场波动的影响。本章根据中国的实际情况及 DSSW 模型，构造了一个单期 DSSW 模型，并根据该模型来具体分析投资者情绪对股票市场影响的传导途径，经过分析发现，投资者情绪可以通过市场流动性、投资者开户增长率、新股上市首日收益率及封闭式基金折价率途径作用于股票市场。最后，根据现金流模型对货币政策影响股票市场的传导途径进行分析，发现其影响手段主要是货币供应量、利率和信贷。

第4章　投资者情绪在货币政策影响股票市场波动中的作用实证分析

传统的货币政策理论认为，货币政策传导的一个重要途径是金融市场。但是随着行为金融学的发展，投资者的行为和心理也越来越受到重视，行为金融学家认为，投资者的行为和心理是产生金融异象的根本，而实施的各项货币政策未能达到预期效果也与投资者情绪有着一定的联系。那么，投资者的行为和心理在货币政策的金融市场传导过程中是否发挥作用？是否会影响货币政策对股票市场波动的效果？为此，我们提出假设 H_1：在货币政策影响股票市场波动的过程中，投资者情绪起到了一定的作用。本章将运用 MS-VAR 模型对投资者情绪是否影响货币政策在金融市场的传导进行实证分析。具体地，本章将通过对比包含投资者情绪和不包含投资者情绪的两个模型结果来进行分析与讨论。

4.1　实证模型的选择与变量数据处理

根据 3.3 节的讨论可知，货币政策主要通过利率、货币供应量和信贷手段对股票市场起作用。

本章将构造两个模型，一个为包含上证指数收益率（shr）、上证指数波动率（vol）、货币供应量对数增长率（rm2）、存款准备金率变化（ru）及投资者复合情绪指数（sent）的 MS-VAR 模型；另一个为包含上证指数收益率（shr）、上证指数波动率（vol）、货币供应量对数增长率（rm2）、存款准备金率变化（ru），但不考虑投资者情绪的 MS-VAR 模型。其中，上证指数收益率（shr）选取上证指数的月度收益率数据。上证指数波动率（vol）选取上证指数的月度波动率，具体计算方法是：计算每一个月内上证指数日收益的标准差，最后得到每月收益率的波动率的估计。在投资者情绪指数选取方面，主要选取在 2.2 节中构造的投资者复合情绪指数（$SENT_2$），此处将该投资者复合情绪指数记为 sent（以上指标的数据均来源于 RESST 金融研究数据库）。

在货币政策影响程度的度量方面，本节主要考虑存款准备金率及货币供应量这两个变量，选取 2004 年 1 月至 2015 年 6 月共 138 个月的样本，数据来源于生意社网站，存款准备金率调整的影响可如下选取[1,114]：

$$\mathrm{ru}_t = \frac{D}{D-d}(f_t - f_{t-1}) \qquad (4\text{-}1)$$

其中，f_t 为当期存款准备金率；$f_t - f_{t-1}$ 为当期存款准备金率的调整幅度；d 为央行公布信息的日期；D 为当月调整的天数（本书在数据计算时，每个月取 30 天）。Bernanke 和 Kuttner[1]认为存款准备金率（或利率）调整的影响包括两个方面。一方面是调控日期的影响；另一方面是存款准备金率（或利率）调动幅度的影响。而我国在存款准备金率（或利率）调整方面与美国是类似的。货币供应量（m2）主要选取广义的货币供应量，对数据先进行 Census X11 季节性调整，然后进行对数处理以去除其中可能存在的异方差，最后再对其进行一阶差分以表示对数增长率。上述货币政策代理变量——存款准备金率变化和货币供应量对数增长率，投资者情绪代理变量——投资者复合情绪指数，以及股票市场相应变量——上证指数收益率和上证指数波动率的平稳性检验如表 4-1 所示。

表 4-1　变量的平稳性检验

变量	t 值	p 值
货币供应量对数增长率 ADF 统计量	−10.727*	0.0000
存款准备金率变化 ADF 统计量	−2.371**	0.0177
投资者复合情绪指数 ADF 统计量	−2.174**	0.0291
上证指数收益率 ADF 统计量	−3.2770*	0.0012
上证指数波动率 ADF 统计量	−4.7833*	0.0001

*、**分别表示在 1%、5%的显著水平下是显著的

由表 4-1 可知，货币供应量对数增长率、上证指数收益率和上证指数波动率均在 1%的显著水平下通过了显著性检验，投资者情绪代理变量——投资者复合情绪指数在 5%的显著水平下通过了显著性检验，存款准备金率变化也在 5%的显著性水平下通过了显著性检验，即这些变量均平稳，所以我们可以对投资者复合情绪指数、存款准备金率变化和货币供应量对数增长率，以及上证指数收益率和上证指数波动率进行计量分析。

4.2　实证模型的估计与检验

4.2.1　MS-VAR 模型

Goldfeld 和 Quandt[115]早在 1973 年，将马尔可夫区制转换回归模型应用到计量经济学领域，1985 年，Cosslett 和 Lee[116]得到其似然函数，Hamilton[117]具体讨

论了马尔可夫区制转换模型的相关问题及应用，而 MS-VAR 模型最早是由 Bernanke 和 Blinder[25]于 1992 年应用于分析讨论货币政策的传导机制。从此，各国学者及研究人员广泛使用 MS-VAR 模型来分析和讨论货币政策的传导，1997 年 Krolzig[118]在 Hamilton[4]的基础上，通过将马尔可夫区制转换模型和 VAR 模型结合的方式，构造了 MS-VAR 模型，在该模型中，模型参数被假定为随着经济系统所处区制的不同而发生着改变，这与实际的经济状况是相符的。该模型的原理在于：当经济变量经过一段时间，其自身的行为特征发生改变，如果再继续使用 VAR 模型进行分析就不恰当了，此时使用 MS-VAR 模型则能更好地描述经济变量之间的因果关系。本书借鉴 Hamilton[4]和 Krolzig[118]的研究，采用 MS-VAR 模型来研究货币政策、投资者情绪、股票市场收益和股票市场波动之间的动态关系，该模型的回归参数依赖于一个不可观测的状态变量的变化而变化，并且这个状态变量服从马尔可夫区制转换过程。

假设有 m 个状态变量，则 MS(m)-VAR(p)模型为

$$y_t = c(s_t) + \beta_1(s_t)y_{t-1} + \beta_2(s_t)y_{t-2} + \cdots + \beta_p(s_t)y_{t-p} + \sigma(s_t)\varepsilon_t$$

其中，$\sigma \sim \text{NID}(0, \Sigma(s_t))$；$\varepsilon_t \sim N(0,1)$；$\beta_1, \beta_2, \cdots, \beta_p$ 为参数；s_t 为不可观测的状态随机变量；$c(s_t)$ 为截距项。转移概率（即从状态 i 到状态 j 的转移概率）为

$$p_{ij} = \text{Pr}(s_t = j \mid s_{t-1} = i), \quad \sum_{j=1}^{m} p_{ij} = 1; \quad \forall i, j \in \{1, 2, \cdots, m\}$$

本书假设股票市场有两个状态（低迷期和高涨期），则相应的转移概率矩阵为

$$P = \begin{pmatrix} p_{11} & p_{12} \\ p_{21} & p_{22} \end{pmatrix}$$

其中，$p_{i1} + p_{i2} = 1, \forall i \in \{1, 2\}$。

若用 MSM 表示马尔可夫区制转换均值；MSI 表示马尔可夫区制转换截距项；MSA 表示马尔可夫区制转换自回归参数；MSH 表示马尔可夫区制转换方差，则根据模型的截距项、均值、自回归参数是否依赖于状态，以及 VAR 误差项的方差，我们可以得到不同的 MS-VAR 模型（总结见表4-2）。

表4-2　MS-VAR 模型

系数	方差	MSM		MSI	
		均值 M 变化	均值 M 不变	截距项 I 变化	截距项 I 不变
系数不变	方差不变	MSM-VAR	线性 MVAR	MSI-VAR	线性 VAR
	方差变化	MSMH-VAR	MSH-MVAR	MSIH-VAR	MSH-VAR

系数	方差	MSM		MSI	
		均值 M 变化	均值 M 不变	截距项 I 变化	截距项 I 不变
系数 时变	方差不变	MSMA-VAR	MSA-MVAR	MSIA-VAR	MSA-VAR
	方差变化	MSMAH-VAR	MSAH-MVAR	MSIAH-VAR	MSAH-VAR

注：MVAR 表示均值不随状态 s_t 的变化而变化的 VAR 模型

在表 4-2 中，MSM-VAR 表示均值随着状态 s_t 的变化而变化；MSIH-VAR 表示截距项和方差随着状态 s_t 的变化而变化；MSMA-VAR 表示均值和自回归参数随着状态 s_t 的变化而变化。

在 MS-VAR 模型中，模型的各个参数均可能随着状态变量的变化而变化，从而形成了各种随着区制而变化的 MS-VAR 模型。我们在本书中选取两个状态，即股票市场的高涨期（bullish）和低迷期（bearish）来研究各变量在这两个状态之间的相互关系。

4.2.2　模型的估计

本节为了估计货币政策和股票市场之间的动态关系，将中国的股票市场划分为两个状态，构建的两区制 MS-VAR 模型如下：

$$
\begin{pmatrix} \mathrm{shr}_t \\ \mathrm{vol}_t \\ \mathrm{rm2}_t \\ \mathrm{ru}_t \\ \mathrm{sent}_t \end{pmatrix} = \begin{pmatrix} u_{1,s_t} \\ u_{2,s_t} \\ u_{3,s_t} \\ u_{4,s_t} \\ u_{5,s_t} \end{pmatrix} + \sum_{k=1}^q \begin{pmatrix} \alpha_{11,s_t}^{(k)} & \alpha_{12,s_t}^{(k)} & \alpha_{13,s_t}^{(k)} & \alpha_{14,s_t}^{(k)} & \alpha_{15,s_t}^{(k)} \\ \alpha_{21,s_t}^{(k)} & \alpha_{22,s_t}^{(k)} & \alpha_{23,s_t}^{(k)} & \alpha_{24,s_t}^{(k)} & \alpha_{25,s_t}^{(k)} \\ \alpha_{31,s_t}^{(k)} & \alpha_{32,s_t}^{(k)} & \alpha_{33,s_t}^{(k)} & \alpha_{34,s_t}^{(k)} & \alpha_{35,s_t}^{(k)} \\ \alpha_{41,s_t}^{(k)} & \alpha_{42,s_t}^{(k)} & \alpha_{43,s_t}^{(k)} & \alpha_{44,s_t}^{(k)} & \alpha_{45,s_t}^{(k)} \\ \alpha_{51,s_t}^{(k)} & \alpha_{52,s_t}^{(k)} & \alpha_{53,s_t}^{(k)} & \alpha_{54,s_t}^{(k)} & \alpha_{55,s_t}^{(k)} \end{pmatrix} \begin{pmatrix} \mathrm{shr}_{t-k} \\ \mathrm{vol}_{t-k} \\ \mathrm{rm2}_{t-k} \\ \mathrm{ru}_{t-k} \\ \mathrm{sent}_{t-k} \end{pmatrix} + \begin{pmatrix} e_{1t} \\ e_{2t} \\ e_{3t} \\ e_{4t} \\ e_{5t} \end{pmatrix} \begin{matrix} (1) \\ (2) \\ (3) \\ (4) \\ (5) \end{matrix} \quad (4\text{-}2)
$$

$$
\begin{pmatrix} \mathrm{shr}_t \\ \mathrm{vol}_t \\ \mathrm{rm2}_t \\ \mathrm{ru}_t \end{pmatrix} = \begin{pmatrix} v_{1,s_t} \\ v_{2,s_t} \\ v_{3,s_t} \\ v_{4,s_t} \end{pmatrix} + \sum_{k=1}^q \begin{pmatrix} \beta_{11,s_t}^{(k)} & \beta_{12,s_t}^{(k)} & \beta_{13,s_t}^{(k)} & \beta_{14,s_t}^{(k)} \\ \beta_{21,s_t}^{(k)} & \beta_{22,s_t}^{(k)} & \beta_{23,s_t}^{(k)} & \beta_{24,s_t}^{(k)} \\ \beta_{31,s_t}^{(k)} & \beta_{32,s_t}^{(k)} & \beta_{33,s_t}^{(k)} & \beta_{34,s_t}^{(k)} \\ \beta_{41,s_t}^{(k)} & \beta_{42,s_t}^{(k)} & \beta_{43,s_t}^{(k)} & \beta_{44,s_t}^{(k)} \end{pmatrix} \begin{pmatrix} \mathrm{shr}_{t-k} \\ \mathrm{vol}_{t-k} \\ \mathrm{rm2}_{t-k} \\ \mathrm{ru}_{t-k} \end{pmatrix} + \begin{pmatrix} \varepsilon_{1t} \\ \varepsilon_{2t} \\ \varepsilon_{3t} \\ \varepsilon_{4t} \end{pmatrix} \begin{matrix} (1') \\ (2') \\ (3') \\ (4') \end{matrix} \quad (4\text{-}3)
$$

其中，模型（4-2）为包含投资者情绪时，货币政策与股票市场及投资者情绪之间的动态关系；而模型（4-3）为不包含投资者情绪时，货币政策与股票市场之间的动态关系。模型（4-2）中的方程（1）经过检验，在某一区制中，如果 $\mathrm{vol}_{t-1}, \mathrm{vol}_{t-2}, \cdots, \mathrm{vol}_{t-q}$ 的系数 $\alpha_{12,s_t}^{(k)}$ 能通过显著性检验，则认为在该区制中，vol 是

shr 的格兰杰原因，模型（4-2）中的其他方程及模型（4-3）中的各个方程也可以类似解释。

根据模型的赤池信息准则（Akaike information criterion，AIC）、施瓦兹准则（Schwarz criterion，SC）、HQ 准则（Hannan-Quinn criterion，HQ）及似然比（likelihood ratio，LR）统计量选取合适的模型，表 4-3 和表 4-4 分别给出包含投资者情绪和不包含投资者情绪两种情况下 AIC、SC、HQ 及 LR 的值。

表 4-3　MS-VAR 模型的 AIC、SC、HQ 及 LR（包含投资者情绪）

统计量	模型					
	VAR(3)	MSMH(2)-VAR(3)	MSMH(2)-VAR(2)	MSI(2)-VAR(4)	MSIH(2)-VAR(4)	MSIH(2)-VAR(3)
LR	802.6802	874.6134	829.5164	836.7297	933.4809[#]	926.0815
AIC	−10.5624	−11.7361	−11.2434	−11.0241	−12.2535	−12.4264[#]
HQ	−9.7275	−10.7079	−10.4388	−9.9026	−10.9995	−11.3982[#]
SC	−8.5058	−9.2059	−9.2635	−8.2642	−9.1675	−9.8962[#]
LR 线性检验：246.6788		$\chi^2(20)=[0.0000]$[**]		$\chi^2(22)=[0.0000]$[**]		DAVIES=[0.0000][**]

#表示每种规则下的最优模型；**表示在 5%显著水平下是显著的

表 4-4　MS-VAR 模型的 AIC、SC、HQ 及 LR（不包含投资者情绪）

类型	模型					
	VAR(4)	MSMH(2)-VAR(3)	MSMH(2)-VAR(4)	MSI(2)-VAR(3)	MSI(2)-VAR(4)	MSA(2)-VAR(3)
LR	808.8356	870.4602	894.0190[#]	814.0065	831.2138	866.0389
AIC	−10.9900	−11.8278	−12.0304[#]	−11.1344	−11.2363	−11.2543
HQ	−10.3012	−11.1423	−11.2002[#]	−10.5368	−10.4945	−10.2701
SC	−9.2949	−10.1410[#]	−9.9876	−9.6639	−9.4108	−8.8322
LR 线性检验：170.3688		$\chi^2(14)=[0.0000]$[**]		$\chi^2(16)=[0.0000]$[**]		DAVIES=[0.0000][**]

#表示每种规则下的最优模型；**表示在 5%显著水平下是显著的

对于模型（4-2），LR 线性检验统计量（$\chi^2(20),\chi^2(22),$DAVIES）都显著地拒绝了原假设，即拒绝了原模型是线性的假设。并且可以发现，MS-VAR 模型要优于 VAR 模型。同时，从表 4-3 可以看出，包含投资者情绪时，MSIH(2)-VAR(3)模型的 AIC、HQ 及 SC 的值在这些模型中均是最优的，尽管该模型的 LR 值次于 MSIH(2)-VAR(4)模型的 LR 值，但也仅次于最优。因此包含投资者情绪时，我们选取 MSIH(2)-VAR(3)模型是比较合适的。

对于模型（4-3），LR 线性检验统计量（$\chi^2(14),\chi^2(16),$DAVIES）都显著地拒绝了原假设，即拒绝了原模型是线性的假设。从表 4-4 可以看出，不包含投资者情绪时，MS-VAR 模型的各项指标也显著优于 VAR 模型的各项指标。在各种 MS-VAR 模型中，MSMH(2)-VAR(4)模型的 LR、AIC 及 HQ 的值在这些模型中均是最优的，尽管该模型的 SC 值不是最优的，但也仅次于最优。因此，不包含投资者情绪时，我们选择 MSMH(2)-VAR(4)模型来进行实证分析。

1. 包含投资者情绪的 MSIH(2)-VAR(3)模型估计

图 4-1 显示了上证指数收益率、上证指数波动率、投资者复合情绪指数、货币供应量对数增长率及存款准备金率变化之间的关系。图 4-2 显示了我国股票市场 2004 年 1 月①至 2015 年 6 月两区制的估计概率情况。

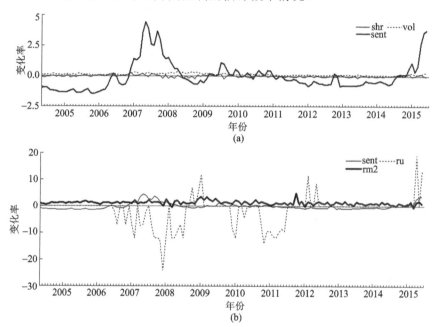

图 4-1　上证指数收益率、上证指数波动率、货币供应量对数增长率及存款准备金率变化之间的关系（包含投资者情绪）

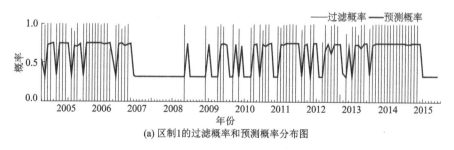

(a) 区制I的过滤概率和预测概率分布图

---

① 数据是从 2004 年 1 月开始的，由于模型需滞后 3 期，图形中时间滞后。

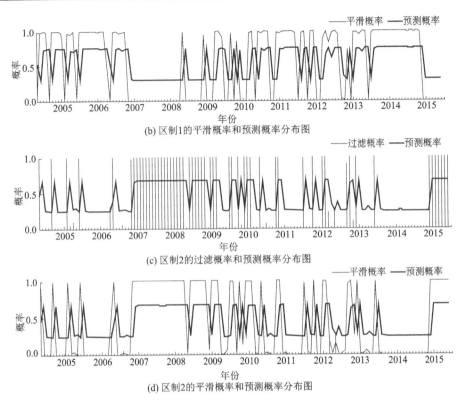

(b) 区制1的平滑概率和预测概率分布图

(c) 区制2的过滤概率和预测概率分布图

(d) 区制2的平滑概率和预测概率分布图

图 4-2　我国股票市场的区制概率图（包含投资者情绪）

2001 年 6 月，我国股票市场由于国有股减持造成抛压，股票市场从此开始大幅下跌，并且持续时间较长，直到 2005 年 6 月，上证指数也从 2245 点一路下跌到 998 点，此次调整时间较长。这一阶段，股票市场处于低迷期，所以 2004～2005 年大部分样本位于区制 1。2005 年 6 月，上证指数进行了为期三个月的盘整，从 2005 年 6 月的低点 998 点到突破 2005 年 9 月的 1223 点，共历时三个月。自此，由股权分置改革带来的一轮"牛市"开始启动，上证指数一路上扬直到 2007 年 10 月，上证指数达到历史高点 6124 点，这一阶段大盘处于高涨期。尽管 2007 年由美国次债危机带来的全球金融危机也引起了中国股票市场的大幅下跌，但持续时间较短，所以这期间的大部分样本位于第 2 区制，随后中国股票市场经历了漫长的调整过程，虽然中间有反弹，但大多数样本位于第 1 区制。第 1 区制反映了我国股票市场的低迷期，第 2 区制反映了我国股票市场的高涨期，所以本书引入两区制模型来刻画市场，能比较直观地反映我国股票市场现实。

表 4-5 和表 4-6 分别给出了转移概率矩阵及每个区制的性质，转移概率矩阵给出了货币政策变量与股票市场波动变量相关关系发生转换的可能性。

表 4-5 区制的转移概率矩阵（包含投资者情绪）

状态	区制 1	区制 2
区制 1	0.7491	0.2509
区制 2	0.3273	0.6727

表 4-6 区制的性质（包含投资者情绪）

状态	样本数/个	概率	持续期/月
区制 1	76.0	0.5661	3.99
区制 2	58.0	0.4339	3.06

从表 4-5 及表 4-6 可以看出，系统维持在区制 1 的概率为 0.7491，有 56.61% 的时间处于区制 1，大约有 76.0 个样本属于该区制，该区制平均可持续 3.99 个月；维持在区制 2 的概率为 0.6727，有 43.39% 的时间处于区制 2，大约有 58.0 个样本属于该区制，区制 2 平均可持续 3.06 个月。从区制 1（2）转换到区制 2（1）的概率为 0.2509（0.3273），由该估计结果看出，所有的概率均小于 1，没有一个区制是稳定的。各个区制的同期相关系数见表 4-7。

表 4-7 各个区制的同期相关系数（包含投资者情绪）

区制 1					
变量	shr	vol	ru	sent	rm2
shr	1.0000				
vol	−0.1341	1.0000			
ru	0.1176	0.2007	1.0000		
sent	0.3951	0.0498	0.1385	1.0000	
rm2	−0.1574	0.0663	−0.0423	0.2075	1.0000
区制 2					
变量	shr	vol	ru	sent	rm2
shr	1.0000				
vol	−0.2627	1.0000			
ru	−0.0049	−0.0799	1.0000		
sent	0.4381	−0.1538	0.0866	1.0000	
rm2	0.1300	−0.0243	0.0629	−0.2721	1.0000

由表 4-7 可知，在区制 1 中，存款准备金率变化与上证指数收益率及上证指数波动率之间均是正相关的，但是在区制 2 中，存款准备金率变化与它们两个均

是负相关的，且相关程度较低。这说明存款准备金率变化与上证指数收益率和上证指数波动率之间的同期相关系数比较低。货币供应量对数增长率在区制 1 中与上证指数收益率是负相关的，而在区制 2 中，它们是正相关的。货币供应量对数增长率与上证指数波动率之间的关系在区制 1 和区制 2 也正好相反，在区制 1 中，它们是正相关的，而在区制 2 中，它们是负相关的。

对于模型（4-2），我们选取了 MSIH(2)-VAR(3)模型，即截距项和方差随着区制的变化而变化，但是自回归参数不随着区制改变。表 4-8 和表 4-9 分别给出了回归参数值，其中，表 4-8 给出了随着区制发生改变的回归参数——截距项和方差，表 4-9 给出了模型（4-2）不随区制改变的回归参数的估计值。

表 4-8　MSIH(2)-VAR(3)模型中与区制有关的回归参数

回归参数	状态	shr	vol	sent	ru	rm2
截距项 I	区制 1	0.0176	0.0038	0.0670	0.0665	0.0033
	区制 2	0.0367	0.0098	0.2492	0.9897	0.0029
方差 H	区制 1	0.0434	0.0015	0.1393	1.5083	0.0037
	区制 2	0.1091	0.0056	0.4803	5.9431	0.0088

表 4-9　MSIH(2)-VAR(3)模型的回归参数估计值

回归参数	shr_t	vol_t	$sent_t$	ru_t	$rm2_t$
shr_{t-1}	0.1295	0.0016	1.2851*	0.7336	0.0117***
shr_{t-2}	0.1723*	0.0058**	−0.2201	−9.1693*	0.0043
shr_{t-3}	−0.0301	−0.0081*	−0.5358	−5.6240	−0.0020
vol_{t-1}	−3.3022*	0.4408*	−3.9624	19.3600	0.0836
vol_{t-2}	1.9237	0.0794	0.3577	−44.5199	0.1842***
vol_{t-3}	0.8133	0.0541	−5.2211	−36.5857	0.2589*
$sent_{t-1}$	−0.0513*	0.0018*	1.1559*	−0.4426	0.0001
$sent_{t-2}$	0.0713*	−0.0012	−0.4025*	1.3654	−0.0025
$sent_{t-3}$	−0.0093	−0.0006	0.2197*	−1.2723	0.0021
ru_{t-1}	−0.0018	0.0002*	0.0066	0.4524*	−0.0001
ru_{t-2}	0.0031*	−0.0001	0.0100*	0.1186*	0.0002
ru_{t-3}	0.0015	−0.0001	−0.0068	0.2329*	0.0002***
$rm2_{t-1}$	−0.9484	−0.0075	−3.8475***	−18.8800	−0.0902
$rm2_{t-2}$	−0.6820	−0.0033	1.9487	84.1701*	0.0962
$rm2_{t-3}$	1.5015***	0.0161	4.0600	−31.1612	0.1722*
	$\chi^2(20)=[0.0000]$**	$\chi^2=[0.0000]$**		DAVIES=[0.0000]**	

*、**、***分别表示在 1%、5%、10%的显著水平下是显著的

2. 不包含投资者情绪的 MSMH(2)-VAR(4)模型估计

图 4-3 显示了上证指数收益率、上证指数波动率、货币供应量对数增长率及存款准备金率变化之间的关系。图 4-4 显示了我国股票市场 2004 年 1 月[①]至 2015 年 6 月两区制的估计概率情况。

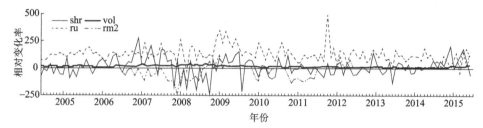

图 4-3　上证指数收益率、上证指数波动率、货币供应量对数增长率及存款准备金率变化之间的关系（不包含投资者情绪）

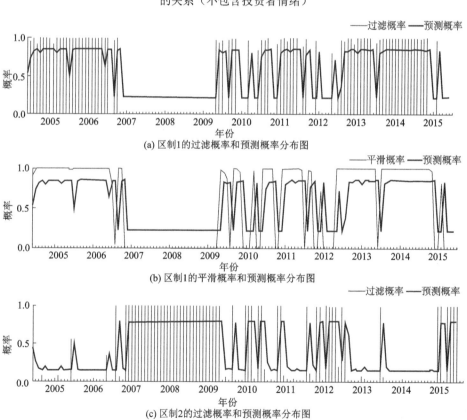

(a) 区制1的过滤概率和预测概率分布图

(b) 区制1的平滑概率和预测概率分布图

(c) 区制2的过滤概率和预测概率分布图

---

① 数据是从 2004 年 1 月开始的，由于模型需滞后 4 期，图形中时间滞后。

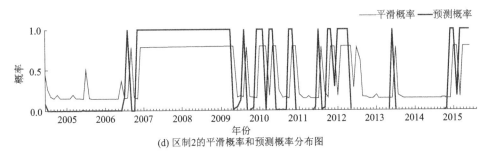

(d) 区制2的平滑概率和预测概率分布图

图 4-4　我国股票市场的区制概率图（不包含投资者情绪）

在包含投资者情绪的情况下，上述内容已经对我国股票市场进行了分析，根据前面的分析并结合该图形，可以知道，区制 1 表示的是我国股票市场的低迷期，而区制 2 表示的则是我国股票市场的高涨期，所以，本书引入两区制模型来刻画市场能比较直观地反映我国股票市场的现实。

不考虑投资者情绪时，对模型（4-3）根据 LR、AIC、SC 及 HQ 原则，选取模型 MSMH(2)-VAR(4)进行计量分析，其转移概率矩阵及每个区制的性质分别见表 4-10 和表 4-11。

表 4-10　区制的转移概率矩阵（不包含投资者情绪）

状态	区制 1	区制 2
区制 1	0.8539	0.1461
区制 2	0.2124	0.7876

表 4-11　区制的性质（不包含投资者情绪）

状态	样本数/个	概率	持续期/月
区制 1	78.8	0.5925	6.85
区制 2	54.2	0.4075	4.71

从表 4-10 及表 4-11 可以看出，系统维持在区制 1 的概率为 0.8539，有 59.25% 的时间处于区制 1，该区制平均可持续 6.85 个月；维持在区制 2 的概率为 0.7876，大约有 40.75% 的时间处于区制 2，区制 2 平均可持续 4.71 个月。从区制 1 转换到区制 2 的概率为 0.1461，从区制 2 到区制 1 的概率为 0.2124，所有的概率均小于 1，说明在不考虑投资者情绪的情况下，市场状态也是不稳定的。

各个区制的同期相关系数见表 4-12。

表 4-12　各个区制的同期相关系数（不包含投资者情绪）

区制 1				
变量	shr	vol	ru	rm2
shr	1.0000			
vol	0.2479	1.0000		
ru	0.0392	0.0915	1.0000	
rm2	0.1358	0.2264	−0.2402	1.0000

区制 2				
变量	shr	vol	ru	rm2
shr	1.0000			
vol	−0.3674	1.0000		
ru	−0.1007	0.0146	1.0000	
rm2	0.1040	−0.0693	0.0455	1.0000

由表 4-12 可知，在区制 1 中，两个货币政策变量与上证指数收益率及上证指数波动率均是正相关的。在区制 2 中，存款准备金率变化和上证指数收益率是负相关的，该货币政策变量与上证指数波动率的关系仍然和区制 1 中是一样的；而货币供应量对数增长率与上证指数收益率是正相关的，但是与上证指数波动率是负相关的。

对于模型（4-3），我们选取了 MSMH(2)-VAR(4)模型，即均值和方差随着区制的变化而变化，但是自回归参数及截距项不随着区制改变。表 4-13 和表 4-14 分别给出了回归参数值，其中，表 4-13 给出了随着区制发生改变的回归参数——均值和方差，表 4-14 给出了模型（4-3）不随区制改变的回归参数的估计值。

表 4-13　MSMH(2)-VAR(4)模型中与区制有关的回归参数

回归参数	状态	shr	vol	ru	rm2
均值 M	区制 1	0.0196	0.0124[*]	−1.2633	0.0125[*]
	区制 2	−0.0016	0.0194[*]	−4.7560	0.0121[*]
方差 H	区制 1	0.0511	0.0030	0.7510	0.0040
	区制 2	0.1066	0.0067	6.8373	0.0088

*表示在 1%的显著水平下是显著的

表 4-14　MSMH(2)-VAR(4)模型的回归参数估计值

回归参数	shr_t	vol_t	ru_t	$rm2_t$
shr_{t-1}	0.1130	−0.0019	5.0853[*]	0.0038

续表

回归参数	shr_t	vol_t	ru_t	$rm2_t$
shr_{t-2}	0.1423***	0.0062	−3.3903**	0.0053
shr_{t-3}	−0.0034	−0.0001	0.8536	−0.0001
shr_{t-4}	0.2925*	0.0050	−0.4271	−0.0062
vol_{t-1}	−1.1046	0.2648*	−65.4455**	0.0389
vol_{t-2}	1.2304	0.1586***	15.1075	0.1570
vol_{t-3}	0.0122	−0.0013	0.5222	−0.0000
vol_{t-4}	0.5900	−0.0001	100.2071*	0.2734**
ru_{t-1}	−0.0002	0.0002**	0.5913*	0.0000
ru_{t-2}	0.0024	−0.0001	0.2593*	0.0001
ru_{t-3}	0.0020	−0.0001	0.1770*	0.0002***
ru_{t-4}	−0.0022	−0.0001	−0.1003*	−0.0001
$rm2_{t-1}$	−0.2833	−0.0811	10.8790	−0.0593
$rm2_{t-2}$	−0.6330	−0.0348	−7.0260	0.0535
$rm2_{t-3}$	−0.0064	0.0008	−0.4780	0.0003
$rm2_{t-4}$	0.1236	−0.0214	−77.5470*	0.0088
	$\chi^2(14)=[0.0000]$**		$\chi^2(16)=[0.0000]$**	DAVIES=[0.0000]**

*、**、***分别表示在 1%、5%、10%的显著水平下是显著的

4.2.3 模型的检验

1. 包含投资者情绪的 MSIH(2)-VAR(3)模型检验

根据表 4-9 中 MSIH(2)-VAR(3)模型的回归参数估计值，得出模型（4-2）中的方程（1）货币供应量对数增长率（rm2）的三阶滞后项系数通过了显著性检验，故可以认为，货币供应量对数增长率（rm2）是上证指数收益率（shr）的格兰杰原因。同时，存款准备金率变化（ru）的二阶滞后项系数通过了显著性检验，也可以认为存款准备金率变化（ru）是上证指数收益率（shr）的格兰杰原因，同理，在方程（2）中，可以发现存款准备金率变化（ru）是上证指数波动率（vol）的格兰杰原因。且在方程（1）和方程（2）中，投资者情绪的代理变量（sent）通过了显著性检验，即认为投资者复合情绪指数（sent）是上证指数收益率（shr）和上证指数波动率（vol）的格兰杰原因。在方程（4）和方程（3）中可以检验，上证指数收益率（shr）是存款准备金率变化（ru）的格兰杰原因，上证指数收益率（shr）和上证指数波动率（vol）均是货币供应量对数增长率（rm2）的格兰杰原因。我们可根据 MSIH(2)-VAR(3)模型，检验上证指数收益率（shr）、上证指

数波动率（vol）、投资者复合情绪指数（sent）、存款准备金率变化（ru）及货币供应量对数增长率（rm2）之间是否具有显著的格兰杰关系，其结果见表 4-15。

表 4-15　格兰杰因果检验结果（包含投资者情绪）

方程	结论
方程（1）	vol 是 shr 的格兰杰原因
	sent 是 shr 的格兰杰原因
	ru 是 shr 的格兰杰原因
	rm2 是 shr 的格兰杰原因
方程（2）	shr 是 vol 的格兰杰原因
	sent 是 vol 的格兰杰原因
	ru 是 vol 的格兰杰原因
	rm2 不是 vol 的格兰杰原因
方程（3）	shr 是 rm2 的格兰杰原因
	vol 是 rm2 的格兰杰原因
	sent 不是 rm2 的格兰杰原因
	ru 是 rm2 的格兰杰原因
方程（4）	shr 是 ru 的格兰杰原因
	vol 不是 ru 的格兰杰原因
	sent 不是 ru 的格兰杰原因
	rm2 是 ru 的格兰杰原因
方程（5）	shr 是 sent 的格兰杰原因
	vol 不是 sent 的格兰杰原因
	ru 是 sent 的格兰杰原因
	rm2 是 sent 的格兰杰原因

根据表 4-15，首先，考虑两个货币政策代理变量——货币供应量对数增长率（rm2）和存款准备金率变化（ru）与投资者复合情绪指数（sent）的关系。存款准备金率变化(ru)和货币供应量对数增长率(rm2)均是投资者复合情绪指数(sent)的格兰杰原因，这说明，央行实行的调整货币供应量及存款准备金率的货币政策能够有效地影响投资者情绪；反过来，投资者复合情绪指数（sent）却不是货币供应量对数增长率（rm2）和存款准备金率变化（ru）的格兰杰原因，这说明投资者情绪对货币供应量、存款准备金率的影响不大，也就是说它对央行的货币政策

制定的影响不大。

其次，考虑投资者情绪和股票市场的关系。在股票市场的变量选取方面，主要选取了上证指数收益率（shr）和上证指数波动率（vol）两个变量，投资者复合情绪指数（sent）是上证指数收益率（shr）和上证指数波动率（vol）的格兰杰原因，这说明投资者的情绪确实会影响到股票市场；反过来，上证指数收益率（shr）是投资者复合情绪指数（sent）的格兰杰原因，但上证指数波动率（vol）不是它的格兰杰原因，本节认为股票市场变化对投资者情绪会产生一定程度的影响。综上分析认为，投资者情绪会对央行制定的货币政策做出反应，也会作为货币政策的传导主体对股票市场起作用。

2. 不包含投资者情绪的 MSMH(2)-VAR(4)模型检验

根据表 4-14，模型（4-3）中的方程（2′）存款准备金率变化（ru）的一阶滞后项系数通过了显著性检验，故认为存款准备金率变化（ru）是上证指数波动率（vol）的格兰杰原因。同理，通过表 4-14 发现，方程（4′）中的上证指数收益率（shr）和上证指数波动率（vol）项系数均通过了显著性检验，故认为上证指数收益率（shr）和上证指数波动率（vol）是存款准备金率变化（ru）的格兰杰原因。方程（3′）中的上证指数波动率（vol）和存款准备金率变化（ru）的系数通过了显著性检验，因此本节认为，上证指数波动率（vol）和存款准备金率变化（ru）均是货币供应量对数增长率（rm2）的格兰杰原因。本节根据 MSMH(2)-VAR(4)模型，检验上证指数收益率（shr）、上证指数波动率（vol）、存款准备金率变化（ru）及货币供应量对数增长率（rm2）之间是否具有显著的格兰杰关系，其结果见表 4-16。

表 4-16　格兰杰因果检验结果（不包含投资者情绪）

方程	结论
方程（1′）	vol 不是 shr 的格兰杰原因
	ru 不是 shr 的格兰杰原因
	rm2 不是 shr 的格兰杰原因
方程（2′）	shr 不是 vol 的格兰杰原因
	ru 是 vol 的格兰杰原因
	rm2 不是 vol 的格兰杰原因
方程（3′）	shr 不是 rm2 的格兰杰原因
	vol 是 rm2 的格兰杰原因
	ru 是 rm2 的格兰杰原因

续表

方程	结论
方程（4'）	shr 是 ru 的格兰杰原因
	vol 是 ru 的格兰杰原因
	rm2 是 ru 的格兰杰原因

　　根据表 4-16，观察两个货币政策代理变量——货币供应量对数增长率（rm2）和存款准备金率变化（ru）与股票市场的关系。此处，股票市场的变量选取方面，主要选取了上证指数收益率（shr）和上证指数波动率（vol）两个变量。存款准备金率变化（ru）是上证指数波动率（vol）的格兰杰原因，说明央行对存款准备金率进行调整时，能有效地影响到股票市场的波动；反过来，上证指数收益率（shr）和上证指数波动率（vol）均是存款准备金率变化（ru）的格兰杰原因，且上证指数波动率（vol）也是货币供应量对数增长率（rm2）的格兰杰原因，这说明股票市场收益和股票市场波动对货币供应量与存款准备金率变化的影响较大，即股票市场收益和股票市场波动对央行的货币政策决策具有一定的影响。

4.3　实证结果分析

4.3.1　货币政策冲击对股票收益和股票市场波动的影响

　　格兰杰因果检验反映了序列之间的长期因果关系，而要考察外生冲击对内生变量的影响，则可以考虑脉冲响应分析。

　　为了考察投资者情绪在货币政策影响股票市场波动过程中的作用，本节给定货币政策变量冲击，观察股票市场对货币政策冲击的响应。

　　1. 包含投资者情绪时货币政策冲击的影响

　　1）存款准备金率变动冲击对上证指数收益率和上证指数波动率的影响

　　给定存款准备金率变动一个标准差的正冲击，在股票市场的高涨期和低迷期，上证指数收益率和上证指数波动率对该冲击的脉冲响应图分别见图 4-5 和图 4-6。

　　从图 4-5 可以看出，首先，给定存款准备金率变动一个标准差的正冲击，并不会立即改变当期的上证指数收益率，但是上证指数收益率受到存款准备金率变动的影响，随后会呈现出小幅下降，经过 1 期以后会上扬，到 2 期末累积响应为零，随后累积响应变为正值，并开始大幅上扬。从上面论述可知，存款准备金率的变动对股票市场收益的影响较大，股票市场收益在存款准备金率变动增加时，并不会大幅下降，只是短暂下调，而后出现大幅上调，可能是市场提前知道信息

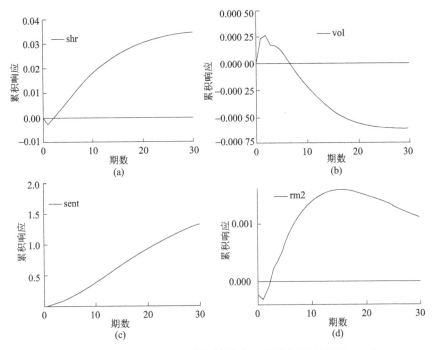

图 4-5　存款准备金率变动冲击的影响（股票市场低迷期）（一）

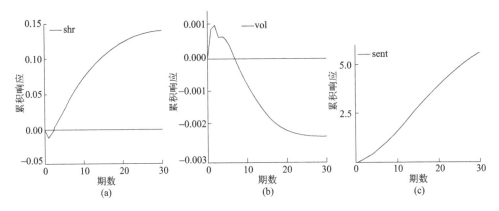

图 4-6　存款准备金率变动冲击的影响（股票市场高涨期）（一）

并且已经做出了相应的反应，而等消息正式公布时，"靴子落地"导致了股票市场收益呈现出正向冲击，这也充分说明了我国的股票市场仍然表现出了比较强的"政策市"。

其次，对股票市场波动而言，给定存款准备金率变动一个标准差的正冲击，当期的上证指数波动率不会发生改变，但是随后上证指数波动率会出现一个大幅度的上扬，但这种上扬是短暂的，经过 2 期后，累积响应达到最大，2 期后上证指数波动率对存款准备金率变动冲击的累积响应开始下降，7 期末，累积响应为零，此后上证指数波动率的累积响应开始慢慢下降，这种累积响应最终会逐渐地趋于平稳。可见在股票市场低迷期，存款准备金率变动对股票市场波动还是存在一定的影响，但是影响不大，这主要是股票市场处于低迷期，赚钱效应较低，因此投资者参与市场的意愿较低，交易的频率也比较低，这些最终都导致了股票市场的波动下降。

再次，当投资者复合情绪指数受到存款准备金率变动的正冲击时，当期不会立即响应，大约在 1 期末，会逐渐呈现出正向响应，并且这种正向响应会逐渐上升，最后会逐渐趋于稳定。从投资者复合情绪指数对存款准备金率变动的响应可以看出：央行实行提高存款准备金率的紧缩的货币政策，目的是收缩货币的流动性，降低通货膨胀的风险。在央行实行该货币政策以前，投资者已经有所预期，当政策公布时，投资者的紧张心情得到放松，他们的情绪逐渐上升。

最后，在货币供给方面，当货币供应量对数增长率受到存款准备金率变动的正冲击时，会立刻出现负响应，表明市场上的货币流动对央行的存款准备金率变动会立刻做出反应，随后这个累积响应会慢慢上升。整体看来，紧缩的货币政策对货币供给呈现负冲击，上调存款准备金率会使得货币的流动性下降，从而使得货币供给立刻呈现出负响应，这也与实际情况是相符的。

从图 4-6 可以看出，股票市场高涨期，对于存款准备金率变动一个标准差的正冲击，上证指数收益率、上证指数波动率及投资者复合情绪指数的累积响应均与它们在股票市场低迷期的响应大致相同：其一，上证指数收益率对存款准备金率变动一个标准差的正冲击不会立刻发生变化，但随后会下降，1 期后累积响应会达到最低，随后累积响应会上升，到 2 期末，累积响应为零，之后累积响应会逐步上扬，并且上扬的幅度要明显大于股票市场低迷期上扬的幅度。长期来看，这种累积响应会趋于平稳。在股票市场高涨期，实行提高存款准备金率的紧缩的货币政策，会使得股票市场短期受到紧缩的货币政策影响，呈现股票市场收益下降的情况，但长期股票市场不会改变处于高涨期的趋势，股票市场收益长期的累积响应仍然为正。其二，给定存款准备金率变动一个标准差的正冲击，使得上证指数波动率缓慢上升，2 期后累积响应达到最大，随后累积响应开始下降，7 期末累积响应为零，随后累积响应表现为负，长期来看会逐渐趋于平稳。提高存款准备金率会使得股票市场波动短期发生较大的波动，但随后股票市场波动会缓慢下降，但是下降的幅度要大于股票市场低迷期的下降幅度。其三，受存款准备金率变化增加的影响，投资者复合情绪指数初期并未发生改变，但随后累积响应缓慢上升，这与股票市场低迷期的表现是相同的，但是，此时投资者情绪变化的幅度要大于股票市场低迷期的变化幅度。当央行实行提高存款准备金率的紧缩的货币政策时，投资者情绪表现出正响应，可能也是由于市场已经提前做出反应，到消息公布时，"利空出尽"市场仍会上涨，投资者情绪的累积响应会慢慢上升。

2）货币供应量对数增长率冲击对上证指数收益率和上证指数波动率的影响

图 4-7 给出货币供应量对数增长率冲击在股票市场低迷期，对上证指数收益率、上证指数波动率及投资者复合情绪指数的影响。

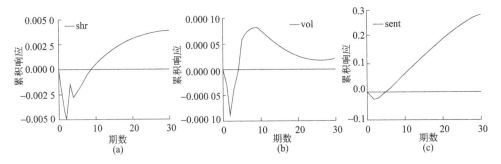

图 4-7　货币供应量对数增长率冲击的影响（股票市场低迷期）（一）

由图 4-7 可以看出，首先，上证指数收益率受到货币供应量对数增长率的影响，短期内会缓慢下降，2 期末上证指数收益率的累积响应达到最低，随后累积响应会逐渐上升，9 期末累积响应为零，之后上证指数收益率的累积响应会逐渐上升，并长期趋于平缓。从上证指数收益率对货币供应量对数增长率变动的脉冲响应结果分析可以看出，货币供给能对股票市场收益产生影响，股票市场收益在货币供给增加时会出现短暂的下调，这说明在股票市场低迷期增加货币供给并不会立刻提升股票市场收益，不会收到立竿见影的效果，其具有一定的延迟性。

其次，对股票市场波动而言，给定货币供应量对数增长率一个标准差的正冲击，不会改变当期的上证指数波动率，而会使上证指数波动率慢慢下降，2 期末，累积响应达到最低，4 期末时这种累积响应达到零，此后累积响应开始逐步上升，10 期末累积响应达到正的最大值，从此之后，这种累积响应开始下降，最终会逐渐地趋于平稳。由此可以看到，在股票市场低迷期阶段，增加货币供给会使得股票市场波动加剧，但是波动幅度不是很大。这可能是股票市场处于低迷阶段，对个体投资者来说，由于自身的认知偏差，其对亏损的股票采取了置之不理的态度，或者已经空仓的投资者不会轻易进场，会采取观望态度。因此整个市场表现比较平淡，并未出现大幅度的波动。

最后，当投资者复合情绪指数受到货币供应量对数增长率一个标准差的正冲击时，短期会呈现下降趋势，随后会呈现出正向冲击响应。央行释放出宽松的货币政策信号，一般会使得股票市场上扬，导致大部分投资者参与市场的意愿较强，尤其是当股票市场处于低迷期，宽松的货币政策会使投资者情绪高度上涨，羊群效应使得这种情绪进一步加剧。因此，投资者情绪会对货币供给变动呈现出正向响应是比较合理的。长期来看，货币供给增加会使投资者情绪的累积响应为正，即投资者情绪会呈现出正向响应。

在股票市场高涨期，货币供应量对数增长率冲击对上证指数收益率、上证指数波动率及投资者复合情绪指数的影响如图 4-8 所示。

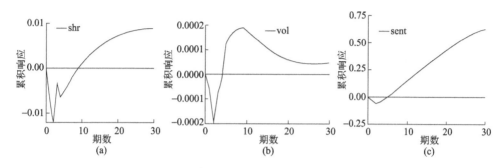

图 4-8　货币供应量对数增长率冲击的影响（股票市场高涨期）（一）

由图 4-8 可以看出，首先，给定货币供应量对数增长率一个标准差的正冲击，不会改变当期的上证指数收益率，之后上证指数收益率的累积响应会逐步下降，2 期末达到最低点，并缓慢上升，9 期末累积响应为零，随后累积响应开始缓慢上升，但是上升的幅度要大于股票市场低迷期的上升幅度。通过上面的论述可知，货币供给对股票市场收益的影响较大，货币供给增加会使股票市场收益的累积响应呈现出先下降后上升的态势。这说明，从长期来看，在股票市场高涨期增加货币供给，会大幅提升股票市场收益，但这种影响具有延迟性。并由此可见，不论是股票市场低迷期还是股票市场高涨期，货币供给增加均会使股票市场收益上涨。

其次，上证指数波动率短期会对货币供应量对数增长率呈现负响应，货币供应量对数增长率的增加不会使上证指数波动率发生即期变化，而会使上证指数波动率慢慢下降，2 期末达到最低点，随后这种累积响应会逐步上升，4 期末达到零，此后累积响应开始逐步上升，在 10 期累积响应达到正的最大值后，开始逐步下降，最后这种累积响应会逐渐趋于平稳，并且这种变化幅度要大于股票市场低迷期的变化幅度。可见，在股票市场高涨期，增加货币供给短期会使得股票市场波动下降，但长期来看，股票市场波动会上升，即增加货币供给，从长期来看，会使得股票市场波动加剧，而且这种波动幅度要大于股票市场低迷期时的股票市场波动幅度。这恰好反映了中国股票市场投资者的特征，处于股票市场低迷期时，投资者情绪比较悲观，对于利好消息视而不见，因此股票市场波动较小；而在股票市场高涨期时，投资者交易频繁、投机性强，对于利好消息反应过度，导致股票市场波动剧烈。

最后，投资者复合情绪指数受到货币供应量对数增长率一个标准差的正冲击，短期会呈现负向冲击响应，但长期会呈现正向冲击响应，并且其变化幅度大于股票市场低迷期的变化幅度。由此可见，在股票市场高涨期，增加货币供给会使得投资者情绪上升，并且累积响应上升幅度大于股票市场低迷期的上升幅度。在股票市场高涨期，央行释放出宽松的货币政策信号，一般会使得股票市场收益上升，进而使得投资者的情绪上升。因此，投资者情绪会对货币供给变动呈现出正向响应。

　　本节分析存在投资者情绪影响的情况下，在股票市场的不同状态，货币政策对股票市场影响的非对称性，通过区制 1 和区制 2 下，货币政策变量冲击对股票市场收益和股票市场波动影响的脉冲响应来进行对比分析，具体分析结果见表 4-17。

表 4-17　股票市场高涨期和低迷期下的货币政策变量冲击对股票市场收益、股票市场波动影响的脉冲响应对比分析

状态	ru 对 shr	ru 对 vol	rm2 对 shr	rm2 对 vol
区制 1	−0.005～0.035	−0.000 625～0.000 25	−0.005～0.005	−0.000 1～0.000 1
区制 2	−0.02～0.15	−0.002 6～0.001	−0.012～0.01	−0.000 2～0.000 2

　　由表 4-17 所示，无论是存款准备金率变化还是货币供应量对数增长率对股票市场的影响，区制 2 下的影响均大于区制 1 下的影响，即考虑投资者情绪的情况下，在股票市场的高涨期，实施增加货币供给或降低存款准备金率对股票市场的影响效果，均会大于股票市场低迷期同样的政策所产生的效果。

2. 不包含投资者情绪时货币政策冲击的影响

1）存款准备金率变动冲击对上证指数收益率和上证指数波动率的影响

图 4-9 和图 4-10 显示在股票市场的各个不同状态，不考虑投资者情绪时，存款准备金率变动冲击对金融市场变量的脉冲响应函数。

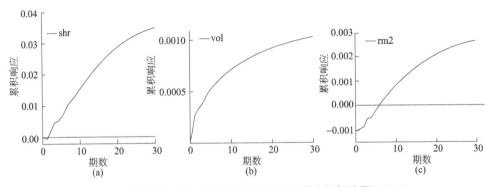

图 4-9　存款准备金率变动冲击的影响（股票市场低迷期）（二）

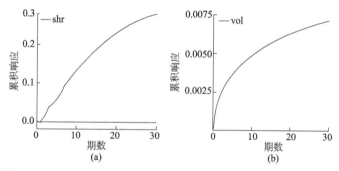

图 4-10　存款准备金率变动冲击的影响（股票市场高涨期）（二）

　　由图 4-9 可以看出，在不考虑投资者情绪的情况下，上证指数收益率受到紧缩的货币政策影响时，当期不会出现明显的反应，第 1 期会出现小幅度的下降，但下降的幅度很小，第 2 期累积响应开始持续上升。这说明，在股票市场的低迷期，不考虑投资者情绪影响的情况下，实行提高存款准备金率的紧缩的货币政策，股票市场的收益只会在短期（约 2 期）呈现小幅下降，长期来看，股票市场收益仍然表现为正向冲击。

　　在不考虑投资者情绪的情况下，上证指数波动率对存款准备金率变动冲击表现出正向响应，并且这种正向响应具有持续性。这说明，如果不考虑投资者情绪，在股票市场低迷期，实行提高存款准备金率的紧缩的货币政策会使股票市场的波动上升。该结果与考虑投资者情绪时的结果完全不同，考虑投资者情绪时，上证指数波动率对存款准备金率冲击先表现出正向响应，但这种正向响应会逐渐下降，慢慢地趋于零，并逐渐表现出了负向响应，长期来看，上证指数波动率对存款准备金率冲击表现出负向响应。在考虑投资者情绪时，实行提高存款准备金率的紧缩的货币政策会使得股票市场的波动幅度加剧，当央行释放出紧缩的货币政策信号时，投资者对后市看法发生改变，因此操作比较频繁，加剧了市场的波动幅度，投资者情绪在这个过程中起到了重要的作用。

　　在货币供给变化方面，提高存款准备金率使货币供应量对数增长率立刻下降到最低点–0.001，随后累积响应缓慢上升，可见，市场上的货币供给会对存款准备金率立刻做出反应。这说明，在股票市场低迷期，实行提高存款准备金率的紧缩的货币政策会立刻减少市场上的货币量，紧缩的货币政策使货币供给呈现负响应是合理的。这与考虑投资者情绪时的影响方向是相同的，但是变化幅度不同，考虑投资者情绪时，提高存款准备金率时会使货币供给立刻下降到–0.0002。由此可见，投资者情绪在这个过程中起到了一定的缓解作用，使得货币供给下降幅度变小。

　　由图 4-10 可以看出，当不考虑投资者情绪且股票市场处于高涨期时，存款准备金率变动对上证指数收益率和上证指数波动率的冲击与股票市场低迷期的变化方向一致，但不同之处在于变动幅度。在股票市场高涨期，上证指数收益率对存款准备金率变动冲击的变动幅度大于股票市场低迷期的变动幅度，这与2008年王晓明和施海松[119]得出的结论一致，但是这一规律不具有普遍性。这其中的主要原因可能在于，2006~2007年当股票市场处于高涨期时，比2001~2005年股票市场处于低迷期时，增加了人民币升值这样一个因素。人民币的升值，导致国际上的热钱疯狂涌入中国股票市场，引起了股票市场大涨，其在股票市场收益上涨的过程中起了重要的作用，从而也加剧了存款准备金率变动对股票市场收益的冲击作用；上证指数波动率对存款准备金率变动冲击的累积响应，也是股票市场高涨期的变动幅度要大于股票市场低迷期的变动幅度。可见，股票市场高涨期实行提高准备金率的紧缩的货币政策会提高股票市场收益，同时也会引起股票市场的大幅波动。

　　2）货币供应量对数增长率冲击对上证指数收益率和上证指数波动率的影响

　　给定货币供应量对数增长率一个标准差的正冲击，图4-11和图4-12分别给出了在股票市场低迷期和高涨期，上证指数收益率、上证指数波动率对该冲击的累积响应。

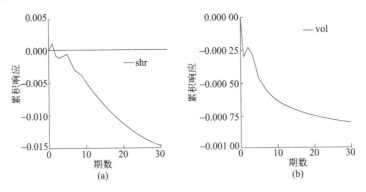

图4-11　货币供应量对数增长率冲击的影响（股票市场低迷期）（二）

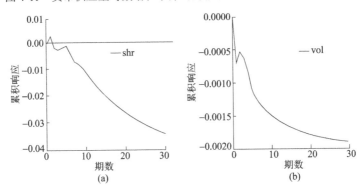

图4-12　货币供应量对数增长率冲击的影响（股票市场高涨期）（二）

由图 4-11 可以看出，在股票市场的低迷期且不考虑投资者情绪时：一方面，上证指数收益率受到货币供应量对数增长率冲击的影响，初期会呈现小幅上扬，随后累积响应为负。从上证指数收益率对货币供应量对数增长率变动的脉冲响应结果分析可以看出，在股票市场低迷期，增加货币供给对股票市场收益的影响不大，股票市场收益在货币供给增加时，只出现小幅上调，这说明不考虑投资者情绪时，股票市场低迷期增加货币供给的货币政策对提升股票市场收益收效甚微，改变不了股票市场低迷期股票市场收益的下跌趋势。另一方面，给定货币供应量对数增长率一个标准差的正冲击，不会改变当期的上证指数波动率，但会使上证指数波动率慢慢下降，这种累积响应最终会逐渐趋于平稳。可见，在股票市场低迷期，增加货币供给不会引起股票市场的大幅波动。

由图 4-12 可以发现，上证指数收益率和上证指数波动率对货币供应量对数增长率增加的累积响应，与股票市场低迷期的累积响应基本一致，区别在于变化的幅度不同：股票市场高涨期，上证指数收益率和上证指数波动率对货币供应量对数增长率冲击的变动幅度均大于股票市场低迷期的变动幅度。可见，在股票市场高涨期，实行减少货币供给的紧缩的货币政策，短期会使股票市场收益下降，但长期来看，股票市场收益的累积响应仍然为正；在股票市场低迷期，增加货币供给，短期会提高股票市场收益，但长期来看，股票市场收益的累积响应仍然为负，不会改变股票市场的长期发展趋势。

4.3.2 投资者情绪的敏感度分析

分析考虑和不考虑投资者情绪作用下，货币政策对股票市场波动的影响，可以通过分析上述两种情况下，货币政策变量对股票市场收益和股票市场波动影响的脉冲响应函数来进行对比研究，具体分析结果见表 4-18。

表 4-18 考虑和不考虑投资者情绪作用下的货币政策变量对股票市场收益、
股票市场波动影响的脉冲响应对比分析

状态	ru 对 shr	ru 对 vol	rm2 对 shr	rm2 对 vol
区制 1	−0.005～0.035 （−0.002～0.04）	−0.000 625～0.000 25 （0～0.001 0）	−0.005～0.005 （−0.015～0.002）	−0.000 1～0.000 1 （−0.000 8～0）
区制 2	−0.02～0.15 （−0.01～0.28）	−0.002 6～0.001 （0～0.007 5）	−0.012～0.01 （−0.04～0.004）	−0.000 2～0.000 2 （−0.002～0）

注：表格中无括号数字表示考虑投资者情绪的情况，而括号中的数字则表示不考虑投资者情绪的情况

如表 4-18 所示，从货币政策变量对股票市场波动的影响来看：①存款准备金率变化对股票市场波动的影响，不论是区制 1 还是区制 2，若不考虑投资者情绪，

存款准备金率变化的正向冲击会使得上证指数波动率的累积响应持续上升，最终稳定为正值。而考虑投资者情绪，存款准备金率变化的正向冲击却使上证指数波动率的累积响应呈现出先上升后下降的趋势，且使得上证指数波动率累积响应正向冲击的最大值低于不考虑投资者情绪的情况。可见，投资者情绪在这个过程中起到了一定的作用，投资者情绪使得上证指数波动率对存款准备金率变化冲击的变化幅度降低了。且在股票市场高涨期，上证指数波动率的范围会更大。不论股票市场处于高涨期还是低迷期，投资者情绪均会加剧存款准备金率变化对上证指数波动率造成的影响，但是，投资者情绪还使得上证指数波动率最终呈现出下降趋势。也就是在不同政策影响下短期内投资者情绪会加剧股票市场波动，长期来看能够缓和波动。②货币供给增速对股票市场波动的影响，不论是区制 1 还是区制 2，不考虑投资者情绪时，货币供应量对数增长率的正冲击均会使得上证指数波动率下降，但是考虑投资者情绪时，货币供应量对数增长率的正冲击却使得上证指数波动率尽管在期初也会呈现下降趋势，但是大约 5 期会达到负的最大值，并最终累积响应为正。可见，在该政策下投资者情绪使得股票市场波动的幅度加剧。长期来看，若考虑投资者情绪，投资者情绪会使得增加货币供给的货币政策加剧股票市场的波动，投资者情绪会起到"振荡器"的作用。

从货币政策变量对股票市场收益的影响来看：①存款准备金率变化对股票市场收益的影响，不论是区制 1 还是区制 2，不考虑投资者情绪时，存款准备金率变动均会使得上证指数收益率先下降（下降幅度很小）后上升，但投资者情绪却使得存款准备金率变动造成的上证指数收益率下降幅度增大，而上升幅度变小。在我国的股票市场上，投资者大都属于风险规避者，不论股票市场处于高涨期还是低迷期，改变存款准备金率的货币政策会使得大部分投资者及时调整自己的投资策略。而我国实施调整存款准备金率的货币政策一般是在股票市场收益整体处于低位时进行的，因此利空效应会被进一步放大，股票市场的收益上升幅度会相应变小。②货币供给增速变化对股票市场收益的影响，在考虑和不考虑投资者情绪时是不同的。不论是区制 1 还是区制 2，不考虑投资者情绪时，货币供应量对数增长率的正冲击使得上证指数收益率会呈现出先上升后下降的趋势，并且上证指数收益率对货币供应量对数增长率正冲击的累积响应最终稳定为负值。但是考虑投资者情绪的情况下，上证指数收益率对货币供应量对数增长率的正冲击的累积响应呈现出先下降后上升的趋势，最终累积响应为正值。这两种反应完全不同，可见，投资者情绪在这个过程中起着极为重要的作用。不论是处于股票市场高涨期还是低迷期，增加货币供给的宽松的货币政策，使得流动性货币增多，对股票市场而言属于利好消息。但实际上，在我国的股票市场上，投资者对货币政策早有预期，市场早已提前做出了反应，当货币政策被真正公布执行时，利好兑现会使得投资者情绪下降，进而造成了股票市场收益的短期下降，但长期来看，股票市场收益仍然会呈现出上升趋势。

从上述分析可以看出，考虑投资者情绪时，不论是对货币供应量还是存款准备金率进行调整的货币政策均会使得股票市场波动加剧；投资者情绪会使得货币政策调整对股票市场收益影响的方向发生改变。

进一步地，我们可以发现以下内容。

第一，在股票市场高涨期，考虑投资者情绪和不考虑投资者情绪时，上证指数收益率对存款准备金率变动冲击的累积响应方向是相同的：存款准备金率变动的正冲击均会使得上证指数收益率出现短暂的下降，而后缓慢上升，但不同的是，投资者情绪使得股票市场收益下降的幅度变大，而上升的幅度变小。上证指数波动率对存款准备金率变动正冲击的响应，在考虑投资者情绪时，累积响应呈现出先上升后下降的趋势，而不考虑投资者情绪时，累积响应始终呈现为正。长期来看投资者情绪可以降低股票市场的波动。由上述分析可知，长期来看，在股票市场高涨期，央行实行提高存款准备金率的货币政策时，投资者情绪可以起到提振股票市场的作用，同时投资者情绪还起到了"稳定器"的作用，降低了股票市场的波动。

第二，在股票市场高涨期，考虑投资者情绪和不考虑投资者情绪时：①上证指数收益率对货币供应量对数增长率冲击的累积响应是不同的。不考虑投资者情绪时，增加货币供给的扩张的货币政策会使股票市场收益出现短期上升，而后缓慢下降；考虑投资者情绪时，增加货币供给的扩张的货币政策会使股票市场收益先呈现出负的累积响应，随后累积响应持续上升，最终累积响应为正。事实上，如果不考虑投资者情绪的话，货币供应量的增加，是会使股票市场收益短期上扬的。但是，投资者情绪却会使得股票市场收益短期下降，而长期仍然是上扬的。当股票市场处于高涨期时，增加货币供给的扩张的货币政策会使得投资者情绪短期下降，进而导致了股票市场收益的短期下降，但长期股票市场收益仍然表现为上扬。故在股票市场高涨期，实施增加货币供给的扩张性货币政策，在投资者情绪的作用下，该项货币政策不会起到立竿见影的效果，而是具有一定的延迟性。②上证指数波动率对货币供应量对数增长率冲击的累积响应也不相同。如果没有投资者情绪的作用，上证指数波动率对货币供应量对数增长率的正冲击呈现出负响应。而考虑投资者情绪的情况下，上证指数波动率先呈现出负响应，达到负的最大值后，上证指数波动率的累积响应开始缓慢上升，最终累积响应为正。可见，在股票市场高涨期，考虑投资者情绪时，实行增加货币供给的扩张的货币政策，短期会使得股票市场波动降低，长期仍然会增加股票市场波动。投资者情绪使得股票市场波动变化的幅度增加，即投资者情绪能够加剧股票市场波动。

第三，在股票市场低迷期，考虑投资者情绪和不考虑投资者情绪时，上证指数收益率和上证指数波动率对货币供应量对数增长率冲击的累积响应与股票市高涨期的响应大致是相同的，但变化强度不同。考虑投资者情绪的情况下，上证指数波动率对货币供应量对数增长率的正冲击首先呈现负响应，达到负的最大值后，开始缓慢上升，最终累积响应为正。而不考虑投资者情绪时，上证指数波动率对货币供应量对数增长率的正冲击始终呈现出负响应，即不考虑投资者情绪时，在股票市场低迷期，实施增加货币供给的扩张的货币政策会稳定股票市场。但是，投资者情绪的存在，使得该项货币政策短期内起到稳定股票市场的作用，但长期而言，仍会加剧股票市场的波动。股票市场是一国经济的晴雨表，在股票市场处于低迷期时，大部分投资者对未来经济及股票市场的预期比较悲观。而此时，如果实行增加货币供应量的宽松的货币政策，会减轻投资者对未来经济的悲观预期，使其对未来股票市场预期向好，进而短期内能够减缓股票市场波动。

4.4　本　章　小　结

传统的货币政策理论认为，货币政策传导的一个重要途径是金融市场。但是随着金融市场上越来越多的传统金融学不能解释的金融异象问题的出现，以研究投资者行为和心理为主的行为金融学发展起来，许多不能解释的金融异象问题可以用投资者行为和心理来进行解释，投资者的行为和心理也越来越受到重视，而央行制定实施的各项货币政策未能达到预期效果，也与投资者行为和心理有着一定的联系。本章为了验证投资者情绪在货币政策影响股票市场波动中的作用，利用 MS-VAR 模型对比考虑投资者情绪和不考虑投资者情绪这两种情况下，货币政策对股票市场收益和股票市场波动的影响，发现以下内容。

4.4.1　股票市场的低迷期

（1）实行提高存款准备金率的紧缩的货币政策，考虑投资者情绪和不考虑投资者情绪这两种情况下，股票市场收益对于该货币政策，短期均会呈现负响应；长期来看，该货币政策会使股票市场收益对存款准备金率变化正冲击的累积响应为正，但投资者情绪却使得股票市场收益的累积响应下降的幅度变大而上升的幅度变小。而股票市场波动对该政策的反应不同：不考虑投资者情绪时，它对提高存款准备金率的紧缩的货币政策会呈现正响应，但考虑投资者情绪时，股票市场波动初期呈现正响应，长期看来累积响应为负，即在股票市场的低迷期实行提高存款准备金率的紧缩的货币政策，短期会加剧股票市场波动。

（2）实行增加货币供给的扩张的货币政策，考虑投资者情绪和不考虑投资者情绪时，股票市场收益对增加货币供给的累积响应不同：不考虑投资者情绪时，扩张的货币政策会使股票市场收益短期上升，但长期不会改变股票市场的状态，股票市场收益的累积响应仍然为负；而考虑投资者情绪时，增加货币供给的扩张的货币政策会使股票市场收益的累积响应短期下降，但长期的累积响应为正。考虑投资者情绪和不考虑投资者情绪的情况下，股票市场波动对增加货币供给的扩张的货币政策冲击的累积响应也不同，投资者情绪加剧了股票市场的波动。

综上所述，股票市场低迷期，不论是提高存款准备金率还是增加货币供给，投资者情绪在短期均会加剧股票市场波动，但是存款准备金率变化的调整会使股票市场波动长期呈现出下降趋势；央行不论是实行提高存款准备金率的紧缩的货币政策还是实行增加货币供给的扩张的货币政策，投资者情绪均会使股票市场收益短暂下降后上升。

4.4.2　股票市场的高涨期

（1）实行提高存款准备金率的紧缩的货币政策，考虑投资者情绪和不考虑投资者情绪这两种情况下，股票市场收益对该货币政策短期均会呈现负响应，长期来看，股票市场收益对该货币政策冲击的累积响应均为正。但是考虑投资者情绪的情况下，股票市场收益变化的下降幅度要大于不考虑时的情况。而股票市场波动对于该政策的反应不同，不考虑投资者情绪时，股票市场波动对提高存款准备金率的紧缩的货币政策会呈现正响应，但考虑投资者情绪时，股票市场波动初期呈现正响应，长期看来累积响应为负，即考虑投资者情绪时，在股票市场高涨期实行提高存款准备金率的紧缩的货币政策会降低股票市场波动。

（2）实行增加货币供给的扩张的货币政策，考虑投资者情绪和不考虑投资者情绪这两种情况下，股票市场收益对货币政策冲击的响应不同。不考虑投资者情绪时，股票市场收益短期上升后会下降，而考虑投资者情绪时，增加货币供给的扩张的货币政策会使股票市场收益短期下降后上升。考虑投资者情绪和不考虑投资者情绪这两种情况下，增加货币供给的扩张的货币政策对股票市场波动的影响也不相同：不考虑投资者情绪时，股票市场波动的累积响应持续为负，而考虑投资者情绪时，股票市场波动首先呈现负响应，随后累积响应持续上升，最后稳定为正值，投资者情绪会使股票市场波动加剧。

由上述分析可知，股票市场高涨期，投资者情绪会使增加货币供应量的调整加剧股票市场波动，而存款准备金率的调整对股票市场收益的影响更大。

综上所述，不论是股票市场高涨期还是低迷期，考虑和不考虑投资者情绪时，不同的货币政策变量对股票市场收益、股票市场波动的影响是不同的。因此，投资者情绪确实在货币政策影响股票市场波动的过程中起到了一定的作用，且这种作用具有非对称性。

第5章　货币政策对投资者情绪影响的实证分析

3.1 节已经介绍了货币政策对投资者情绪影响的传导机制，第 4 章也通过实证分析检验了投资者情绪在货币政策影响股票市场波动过程中确实起到了一定的作用。2005 年 Bernanke 和 Kuttner[1]指出，投资者心理在股票投资者面对货币信息时起到了至关重要的作用；2010 年 Kurov[34]经研究指出，货币政策对投资者情绪的影响依赖于股票市场所处的状态，并采用 2007 年 Chen[32]划分股票市场的方法，将股票市场划分为高涨期和低迷期两个状态，又使用虚变量线性回归的方法讨论了在市场的不同状态，货币政策变化对投资者情绪的影响。但国内对这方面的研究较少，本章将进一步分析货币政策对投资者情绪的影响。本章将采用 Chen[32]划分股票市场的方法，将中国股票市场划分为高涨期和低迷期两个状态，讨论不同状态下的货币政策对投资者情绪的影响，并且说明这种影响具有非对称性。

5.1　变量的选择与数据处理

根据第 3 章关于货币政策对投资者情绪影响的传导机制的分析讨论知道，货币政策主要通过利率、货币供应量及信贷途径来影响投资者情绪。

本章在货币政策影响程度的度量方面，主要考虑存款准备金率及货币供应量这两个变量。货币供应量对数增长率（rm2）与第 4 章的处理方式类似；存款准备金率变化（ru）仍然选取式（4-1）构造的存款准备金率变化公式，样本数据选取 2004 年 1 月至 2015 年 6 月共 138 个月的样本（数据来源于生意社网站）。在投资者情绪选取方面，主要选取以下两个代理变量来衡量投资者情绪：一个是在 2.2 节中构建的投资者复合情绪指数（SENT$_2$），本章记为 sent；另一个是国家统计局发布的消费者信心指数（consumer confidence index，CCI），该指数由两部分组成，即消费者满意指数（即期指数）和消费者预期指数（预期指数）。有学者认为，股票市场的高收益能够增加消费者的信心，并认为消费者信心指数能够预测一部分股票的收益，可以从一定程度上衡量投资者的情绪。因此，本书也选取消费者信心指数作为投资者情绪的代理变量，并选取 2004 年 1 月至 2015 年 6 月共 138 个月的样本（数据来源于 RESST 金融研究数据库）。上述变量的描述性统计分析及平稳性检验分别见表 5-1 和表 5-2。

表 5-1　投资者情绪及货币政策变量的描述性统计

描述性统计量	投资者复合情绪指数	消费者信心指数	货币供应量对数增长率	存款准备金率变化
均值	1.97×10^{-8}	106.3065	0.0129	−1.6884
最大值	4.4766	113.7000	0.0496	19.0000
最小值	−1.4807	97.0000	−0.0044	−24.0000
标准差	1.1921	4.2983	0.0070	5.4786

表 5-2　变量的平稳性检验

变量	t 统计量	p
货币供应量对数增长率的 ADF 统计量	−10.727*	0.0000
消费者信心指数的 ADF 统计量	−2.911**	0.0466
投资者复合情绪指数的 ADF 统计量	−2.174**	0.0291
存款准备金率变化的 ADF 统计量	−2.371**	0.0177

*、**分别表示在 1%、5%的显著水平下是显著的

由表 5-2 可知，货币供应量对数增长率在 1%的显著性水平下是平稳的，投资者情绪代理变量——消费者信心指数和投资者复合情绪指数在 5%的显著水平下是平稳的，存款准备金率变化也在 5%的显著性水平下平稳，即这些变量均平稳。所以，我们可以对投资者情绪代理变量、存款准备金率变化和货币供应量对数增长率来进行计量分析。

5.2　实证模型的构建、估计与检验

5.2.1　模型的构建与选择

为了验证 H_0：货币政策影响投资者情绪，我们选取货币供应量对数增长率及存款准备金率变化作为货币政策变量的代理变量，分别选取第 2 章构造的投资者复合情绪指数，以及消费者信心指数作为投资者情绪的代理变量构造如下模型：

$$\text{sent}_t = \beta_0 + \beta_1 (\text{rm2})_t + \beta_2 (\text{ru})_t + \varepsilon_t \tag{5-1}$$

模型（5-1）反映了货币政策变量对投资者情绪的影响，其中，系数 β_1、β_2 分别反映了投资者情绪对货币供应量对数增长率，以及存款准备金率变化的敏感性。模型（5-1）的估计结果见表 5-3。

表 5-3　货币政策变化对投资者情绪的影响结果（$N=137$）

系数	投资者复合情绪指数	消费者信心指数
β_0	−0.198（−1.09）	0.038（0.21）
β_1	9.653（0.80）	−9.801（−0.82）
β_2	−0.043*（−2.81）	−0.470*（−3.09）
调整 R^2	0.0432	0.0612

*表示在1%的显著水平下是显著的

注：括号中的值为相应的 t 值

由表 5-3 可以看出以下内容。

（1）常数项 β_0 和货币供应量对数增长率对投资者情绪影响的系数 β_1 均未通过显著性检验，只有存款准备金率变化对投资者情绪影响的系数 β_2 通过了显著性检验。

（2）存款准备金率变化与投资者情绪变化方向相反。当存款准备金率增加时，会使得投资者情绪下降；而当降低存款准备金率时，投资者情绪会上升。进一步地，当存款准备金率增加一个百分点时，投资者复合情绪会降低 0.043 个单位，而消费者信心指数降低 0.470 个单位。

以降低存款准备金率为例，存款准备金率下降，央行释放出宽松的货币政策信号，货币的流动性进一步增加，银行也有更多的资金流入到包括金融市场、消费市场及楼市等市场中，稳定了投资者的心理，从而使投资者对政府更有信心，投资者的情绪进一步提高。

表 5-3 表明，存款准备金率变化的货币政策对投资者情绪会产生显著影响。但是模型（5-1）的一个缺点在于，利用该模型不能对货币政策对投资者情绪影响的非对称性进行实证研究，因此，我们利用马尔可夫区制转换模型，将中国的股票市场划分为两个状态来研究货币政策对投资者情绪影响的非对称性。下面将介绍马尔可夫区制转换模型，以及利用马尔可夫区制转换模型对中国股票市场的划分。

1. 马尔可夫区制转换模型

传统时间序列模型致力于估计一个常值的模型参数，但这可能并不符合金融市场的波动特征。众所周知，金融市场常常出现一些重大的外生冲击。例如，金融危机的影响可能使股票市场的走势出现较长时期的逆转，或者当局政策的突然改变对市场运行机制造成长期的影响。当市场机制和状态发生根本性变化之后，线性模型的参数也可能随之发生改变。此时，传统的时间序列模型估计出的单一参数的有效性会大打折扣。关于存在结构转换的区制转换模型，国内研究也比较多，大多集中在模型的估计及应用上。2003 年，孙金丽和张世英[120]提出了具有结构转换的自回归条件异方差（autoregressive conditional heteroskedasicity，ARCH）模型即广义自回归条件异方差（generalized autoregressive conditional heteroskedasicity，GARCH）模型，并利用该模型对我国上证市场的收益进行实证分析，结果表明该模型既能够在 GARCH 模型的基础上提高模型的预测能力，又能够解决如 ARCH 模型类的异方差模型的结构变化问题。而 2009 年，江孝感和万蔚[121]将区制转换引入到了 GARCH 模型中，构造了带有区制转换的 GARCH 模型，并给出了该模型的参数估计方法、波动持续性估计方法及详细的预测过程。朱钧钧和谢识予[122]于 2010 年利用蒙特卡罗模拟法对上证综指的马尔可夫区制转换 ARCH 模型进行了参数估计，得到其稳健结果，并进一步利用该模型对我国上证综指进行分析，得到的结果为：我国股票市场的波动不能够反映国内外的政治经济状态的变化，虽然各个波动状态持续的时间较短，但是变化幅度比较大。2011 年，赵华和蔡建文[123]分别利用 GARCH 族模型和马尔可夫 GARCH 模型对我国股票市场波动的结构变化特征进行实证分析，经实证分析发现，马尔可夫 GARCH 模型较好地刻画了我国股票市场波动率的变化，即我国的股票市场波动率可以分为高、低波动率两个状态。朱钧钧和谢识予[124]又于 2011 年将马尔可夫区制转换模型引入到门限广义自回归条件异方差（threshold generalized autoregressive conditional heteroscedasticity，TGARCH）模型中，仍然使用蒙特卡罗模拟法对其进行参数估计，得到其稳健解，并进一步使用该模型验证了我国股票市场波动率的不对称性。2013 年，魏立佳[125]基于马尔可夫链蒙特卡罗模拟方法，给出了 t-分布误差的马尔可夫 GARCH 模型的参数估计方法，并利用该模型，研究了基于机构投资者股权分置改革和股票市场波动的关系；经研究发现，股权分置改革确实使股票市场的波动发生了结构性的改变。杨继平和张春会[126]于 2013 年通过对比各种模型估计与预测沪深股票市场波动率的结果，发现马尔可夫区制转换广义自回归条件异方差（Markov regime switching-generalized autoregressive conditional heteroscedasticity，MRS-GARCH）模型对沪深股票市场波动率的预测会更准确。

针对时间序列的这一非平稳特征，1989 年 Hamilton[4]提出了一个研究经济周期模型，用于估计外生冲击下的时变参数问题，即区制转换模型（regime switching model）。以简单的一阶自回归为例介绍区制转换模型，$y_t = c_1 + \phi y_{t-1} + \varepsilon_t$，$\varepsilon_t \sim N(0,\sigma^2), t = 1,2,\cdots,t_0$。在 t_0 时刻发生外在变化，使得上述模型发生了变化，即

$$y_t = c_2 + \phi y_{t-1} + \varepsilon_t, \quad \varepsilon_t \sim N(0,\sigma^2); t = t_0+1, t_0+2, \cdots$$

我们用一个统一的模型来表示上述模型：

$$y_t = c_{S_t} + \phi y_{t-1} + \varepsilon_t$$

其中，S_t 为随机状态变量，它符合马尔可夫链，也就是说 S_t 只与 S_{t-1} 有关，而与之前的状态没有关系，与 $y_{t-1}, y_{t-2}, \cdots$ 也没有关系。Hamilton 提出的方法是确定状态转移概率的，即

$$\Pr\left(S_t = j \middle| S_{t-1} = i, S_{t-2} = k, \cdots; y_{t-1}, y_{t-2}, \cdots\right) = \Pr\left(S_t = j \middle| S_{t-1} = i\right) = p_{ij}$$

假设两个状态分别为状态 1 和状态 2，则 p_{11} 代表 $\Pr\left(S_t = 1 \middle| S_{t-1} = 1\right) = p_{11}$，$p_{12}$ 代表 $\Pr\left(S_t = 2 \middle| S_{t-1} = 1\right) = p_{12}$。

2. 马尔可夫区制转换模型的估计

本章使用极大似然法对该模型中的参数进行估计，在使用极大似然法进行估计时关键的一步是要确立两个状态下的概率密度函数，从而可以建立似然函数。1994 年 Hamilton[117]指出，在马尔可夫链下，y_t 的条件概率密度是

$$\eta_{jt} = f\left(y_t \middle| S_t = j, \Omega_{-1}; \theta\right) = \frac{1}{\sqrt{2\pi}} \exp\left[-\frac{\left(y_t - c_j - \phi y_{t-1}\right)^2}{2\sigma^2}\right]$$

据此可得出样本似然函数，并取对数有

$$\ln f\left(y, y_2, \cdots\cdots, y_T \middle| y_0; \theta\right) = \sum_{t=1}^{T} \ln f\left(y_t \middle| \Omega_{-1}; \theta\right)$$

其中，$\theta = \left(\sigma, \phi, c_1, c_2, p_{11}, p_{22}\right)^T$ 为待估计参数。通过使似然函数最大化，可估计出 θ。

由此，得到状态转移概率：$\xi_{i0} = \Pr\left(S_0 = i\right) = \dfrac{1 - p_{jj}}{2 - p_{ii} - p_{jj}}$，对不同时期的状态转移概率进行检验，结果显著且最大的时期就是发生状态转移的时期。

上述是对截距项存在时变的情况进行讨论的，实际上，也有许多文献对于自变量回归系数和方差的时变性进行讨论，即存在着马尔可夫区制转换 ARCH 模型、GARCH 模型等。第 6 章在讨论投资者情绪对股票市场的影响时，将使用 MS-VAR 模型。

根据 Hamilton 于 1989 年[4]提出的马尔可夫区制转换模型，我们假设 R_t 是股票市场收益率，下面考虑股票市场收益率的马尔可夫区制转换模型：

$$R_t = \mu_{S_t} + \varepsilon_t, \varepsilon_t \sim N\left(0, \sigma_{S_t}^2\right)$$

其中，S_t 为不可观测的状态变量；μ_{S_t} 和 $\sigma_{S_t}^2$ 为依赖于状态变量的收益均值和方差。本章中我们假设中国股票市场分为两个状态，即高收益低波动的股票市场高涨期及低收益高波动的股票市场低迷期，我们将股票市场高涨期和股票市场低迷期分别记为市场状态 1 和市场状态 2，不同市场状态的转换服从一个固定转移概率的马尔可夫过程，其转移概率矩阵记为

$$\begin{pmatrix} p_{11} & p_{21} \\ p_{12} & p_{22} \end{pmatrix}, \quad p_{ij} = \Pr\left(S_t = j \mid S_{t-1} = i\right)$$

其中，p_{ij} 为从状态 i 到状态 j 的转移概率，从而 $p_{i1} + p_{i2} = 1 (i = 1, 2)$。

本节利用极大似然法估计我国上证指数收益率 R_{SH} 及深证指数收益率 R_{SZ}，得到的结果见表 5-4。

表 5-4 上证指数收益率和深证指数收益率的马尔可夫区制转换模型估计结果

参数	R_{SH}	R_{SZ}
μ_1	0.0612*	0.0577**
（p 值）	（0.00）	（0.02）
μ_2	−0.0234*	−0.0213***
（p 值）	（0.00）	（0.08）
σ_1^2	0.0738*	0.0753*
（p 值）	（0.00）	（0.00）
σ_2^2	0.0718*	0.0850*
（p 值）	（0.00）	（0.00）
p_{11}	0.91***	0.85*
（p 值）	（0.08）	（0.00）
p_{22}	0.95***	0.90
（p 值）	（0.07）	（0.11）
对数似然函数值	150.9583	150.9583

*、**、***分别表示在 1%、5%、10%的显著水平下是显著的

注：括号中的值为相应的 p 值

由表 5-4 可以看出，不论是对上证指数收益率还是对深证指数收益率来说，其市场状态 1 的收益均值均为正数，而市场状态 2 的收益均值均为负数。但是，从方差的角度来看，上证指数收益率的方差在两个市场状态上基本相当，但是对深证指数收益率的方差来讲，市场状态 1 的方差 0.0753 小于市场状态 2 的方差 0.0850，所以，不论是从哪个市场考虑，市场状态 1 表示的是高收益低波动的股

票市场高涨期,而市场状态 2 则表示的是低收益高波动的股票市场低迷期。同时,表 5-4 中的 p_{11}、p_{22} 可计算出转移概率,对上海市场而言,从市场状态 1 转到市场状态 2 的概率为 0.09,而从市场状态 2 转到市场状态 1 的概率为 0.05,维持市场状态 2 和市场状态 1 的概率分别是 0.95 和 0.91,同时也可以得到市场状态 2 和市场状态 1 的平均持续期分别为 19.89 个月和 10.76 个月。同样地,可以看出深圳市场的情况:从市场状态 1 转到市场状态 2 的概率为 0.15,从市场状态 2 转到市场状态 1 的概率为 0.10,维持市场状态 2 和市场状态 1 的概率分别是 0.90 和 0.85,同时也可以得到市场状态 2 和市场状态 1 的平均持续期分别为 10.44 个月和 6.65 个月。综上所述,不论是深圳市场还是上海市场,股票市场低迷期的平均持续时间均长于股票市场高涨期的持续时间,这与我国的股票市场情况是一致的。

图 5-1 和图 5-2 分别为深圳市场和上海市场两个市场状态的平滑转移概率图。

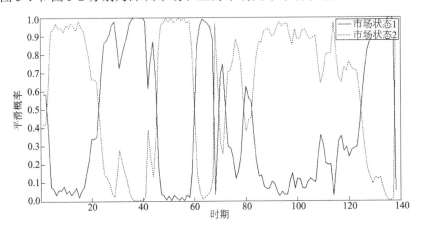

图 5-1　深圳市场两个市场状态的平滑转移概率图

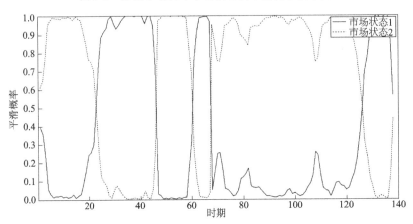

图 5-2　上海市场两个市场状态的平滑转移概率图

利用马尔可夫区制转换模型，可以将中国的股票市场划分为股票市场高涨期和股票市场低迷期两个状态。由此根据马尔可夫区制转换模型划分的股票市场结果，我们可以验证货币政策对投资者情绪的影响是否具有对称性。1987 年，Yohai[127]对模型（5-2）进行了研究，利用普通最小二乘法（ordinary least square method，OLS）对其进行估计，并且对其存在大量异常值时的稳健性进行了评价。

$$\text{sent}_t = \alpha_0 + \alpha_1 \times \text{bup}_t \times (\text{rm2})_t + \alpha_2 \times (1 - \text{bup}_t) \times (\text{rm2})_t + \varepsilon_t \qquad (5\text{-}2)$$

其中，bup_t 为 t 时刻处于股票市场高涨期的平滑概率；ε_t 为随机扰动项。

在模型（5-2）中，系数 α_1、α_2 则分别反映了货币政策在股票市场的高涨期和低迷期对投资者情绪的影响。通过对系数 α_1、α_2 的差异性检验，可以进一步验证货币政策对投资者情绪影响的非对称性。

本章选取货币供应量及存款准备金率作为货币政策的代理变量，因此，在模型（5-2）的基础上，增加其解释变量，构造模型（5-3）来验证货币政策对投资者情绪影响的非对称性：

$$\begin{aligned}
\text{sent}_t = {} & \alpha_0 + \alpha_1 \times \text{bup}_t \times (\text{rm2})_t + \alpha_2 \times (1 - \text{bup}_t) \times (\text{rm2})_t \\
& + \alpha_3 \times \text{bup}_t \times (\text{ru})_t + \alpha_4 \times (1 - \text{bup}_t) \times (\text{ru})_t + \varepsilon_t
\end{aligned} \qquad (5\text{-}3)$$

模型（5-3）中将股票市场划分为两个状态，可以进一步分析货币政策对投资者情绪影响的非对称性。而系数 α_1、α_2 分别表示货币供应量对数增长率在股票市场的高涨期和低迷期对投资者情绪的影响，α_3、α_4 则分别表示存款准备金率变化在股票市场的高涨期和低迷期对投资者情绪的影响，如果 $\alpha_2 - \alpha_1$ 不显著为 0，则认为货币供应量对数增长率对投资者情绪的影响具有非对称性。同样地，如果 α_3、α_4 不显著相等，则认为存款准备金率变化对投资者情绪的影响具有非对称性。

5.2.2　模型的估计

利用股票市场收益率将股票市场划分为两个状态，其中，bup_t 取 t 时刻上海市场处于高涨期的平滑概率，利用普通最小二乘法估计模型（5-2），估计结果见表 5-5。

表 5-5　上海市场处于不同状态时货币供给增速变化对投资者情绪的影响（N=137）

参数	投资者复合情绪指数	消费者信心指数
α_0	0.004（0.022）	0.2139（1.21）
α_1	39.028*（2.93）	5.1779（0.37）
α_2	−23.283*（−1.79）	−30.340**（−2.22）

续表

参数	投资者复合情绪指数	消费者信心指数
$\alpha_2 - \alpha_1$	22.662	6.676
R^2	0.146	0.0559

*、**分别表示在1%、5%的显著水平下是显著的

注：括号中的值为相应的 t 值

由表 5-5 可以看出以下内容。

（1）当选取投资者复合情绪指数作为投资者情绪的代理变量时，货币供应量对数增长率对投资者情绪影响显著，并能够通过模型检验，该影响具有显著的非对称性，即货币供应量对数增长率在股票市场的不同状态对投资者情绪的影响是不同的。

（2）在股票市场的低迷期，货币供应量对数增长率对消费者信心指数影响显著，但是在股票市场高涨期，货币供应量对数增长率对消费者信心指数影响的系数未通过显著性检验。另外，货币供应量对数增长率对消费者信心指数影响也具有显著的非对称性。

（3）从估计结果来分析，货币供应量对数增长率对投资者复合情绪指数的影响要比其对消费者信心指数的影响显著。

为更全面地验证货币政策对投资者情绪的影响，本书选取了货币供应量对数增长率和存款准备金率变化作为货币政策的代理变量。分别利用上海市场与深圳市场股票市场收益率及马尔可夫区制转换模型，将上海市场与深圳市场划分成股票市场的高涨期和低迷期两个状态，以观察和分析这两个市场上的投资者情绪对货币政策的反应。从而可以进一步地对货币供应量对数增长率和存款准备金率变化等货币政策对投资者情绪影响的非对称性进行实证分析，模型（5-3）的估计结果见表 5-6。

表 5-6　股票市场的不同状态，货币政策变化对投资者情绪的影响结果（$N=137$）

参数	上海市场		深圳市场	
	投资者复合情绪指数	消费者信心指数	投资者复合情绪指数	消费者信心指数
α_1	37.917*（4.05）	13.907（1.42）	29.220*（3.04）	4.975（0.500）
α_3	−0.047*（−1.74）	−0.077*（−2.73）	−0.062**（−2.076）	−0.059*（−1.93）
α_2	−28.646*（−3.81）	−21.446*（−2.72）	−28.482*（−3.223）	−18.245**（−1.995）
α_4	−0.046*（−2.64）	−0.040**（−2.19）	−0.040**（−2.138）	−0.047*（−2.41）
$\alpha_2 - \alpha_1$	26.397*	6.801**	15.348*	2.320

参数	上海市场		深圳市场	
	投资者复合情绪指数	消费者信心指数	投资者复合情绪指数	消费者信心指数
$\alpha_4 - \alpha_3$	0.0002	1.057	0.312	0.094
R^2	0.196	0.137	0.136	0.137

*、**分别表示在 1%、5%的显著水平下是显著的

注：括号中的值为相应的 t 值

5.2.3　模型检验

由表 5-6 对模型（5-3）的估计结果发现，不论是投资者复合情绪指数还是消费者信心指数，在上海市场和深圳市场，其常数项 α_0 均未能通过 t 检验，因此，不能拒绝模型中常数项为 0 的假设，所以，本书选取了截距项为 0 的模型进行估计。

对投资者复合情绪指数而言，首先，由表 5-6 可知，α_1 即在股票市场高涨期货币供应量对数增长率对投资者复合情绪指数的影响。不论在上海市场还是深圳市场，该系数均能通过 t 检验，即该系数显著异于 0，且它们都是大于 0 的。这说明不论在深圳市场还是上海市场，股票市场高涨期的货币供应量对投资者情绪影响为正。

其次，α_2 即股票市场低迷期货币供应量对数增长率对于投资者复合情绪指数的影响。该系数不论在哪个市场均通过了 t 检验，并且它们都显著为负，也就是说不论在深圳市场还是上海市场，股票市场高涨期，货币供应量对数增长率对投资者复合情绪指数的影响是显著的，并且它们的变化方向相反。

再次，α_3、α_4 分别反映了股票市场高涨期和股票市场低迷期，存款准备金率变化对投资者复合情绪指数的影响。该系数不论在深圳市场还是上海市场，也不论处于市场的哪个状态，均通过了 t 检验，并且均为负值，也就是说，存款准备金率变化对投资者复合情绪指数的影响为负。

最后，本节还检验了 $\alpha_2 - \alpha_1$ 及 $\alpha_4 - \alpha_3$ 并发现：$\alpha_2 - \alpha_1$ 通过了显著性检验，说明 $\alpha_2 - \alpha_1$ 显著异于 0，也就是在股票市场的不同状态，货币供应量对数增长率对投资者复合情绪指数的影响显著不同；$\alpha_4 - \alpha_3$ 未能通过显著性检验，不能拒绝 $\alpha_4 - \alpha_3 = 0$ 的假设，即认为存款准备金率变化对投资者复合情绪指数的影响在股票市场高涨期和股票市场低迷期是一致的。

对消费者信心指数而言，首先，由表 5-6 可知，α_1、α_2 分别反映了股票市场高涨期和股票市场低迷期，货币供应量对数增长率对消费者信心指数的影响。不论是在上海市场还是深圳市场，α_1 均未通过 t 检验，也就是说不能拒绝 α_1 为 0 的假设；而 α_2 均通过了 t 检验，认为 α_2 显著异于 0。这表明，货币供应量对数增长率不论在上海市场还是深圳市场的高涨期，对消费者信心指数的影响未通过显著

性检验，在这两个市场的低迷期，货币供应量对数增长率对消费者信心指数影响是显著的。通过系数的大小比较可以发现，不论在上海市场还是深圳市场，货币供应量对数增长率在股票市场低迷期对消费者信心指数的影响要大于股票市场高涨期。即股票市场低迷期的消费者信心指数对货币供应量对数增长率影响敏感。

其次，α_3、α_4 分别反映了股票市场的高涨期和低迷期，存款准备金率变化对消费者信心指数的影响。该系数不论在深圳市场还是上海市场，也不论处于市场的哪个状态，均通过了 t 检验，并且均为负值，也就是说，存款准备金率变化对消费者信心指数的影响为负。

最后，本节还检验了 $\alpha_2 - \alpha_1$ 及 $\alpha_4 - \alpha_3$ 并发现：在上海市场，$\alpha_2 - \alpha_1$ 通过了显著性检验，$\alpha_2 - \alpha_1$ 显著异于 0，但深圳市场未通过显著性检验，说明在上海市场的不同状态，货币供应量对数增长率对消费者信心指数的影响显著不同；在上海市场和深圳市场，$\alpha_4 - \alpha_3$ 均未能通过显著性检验，不能拒绝 $\alpha_4 - \alpha_3 = 0$ 的假设，则认为存款准备金率变化对消费者信心指数的影响在股票市场的高涨期和低迷期是一致的。

从模型（5-3）的估计结果可以看出以下内容。

（1）将股票市场划分为不同状态来考察货币政策对投资者情绪的影响是合理的：一方面，模型（5-1）将股票市场作为一个整体考察时，货币供应量对数增长率对投资者复合情绪指数影响不显著，而在股票市场的不同状态，该货币政策变量对投资者复合情绪指数的影响通过了显著性检验；另一方面，在股票市场的不同状态，存款准备金率变化对投资者复合情绪指数的影响通过了显著性检验，即认为该货币政策变量对投资者复合情绪指数的影响是显著的。

（2）通过对 $\alpha_2 - \alpha_1$ 及 $\alpha_4 - \alpha_3$ 的检验发现：对于投资者复合情绪指数而言，$\alpha_2 - \alpha_1$ 通过了显著性检验，也就是说 $\alpha_2 - \alpha_1$ 显著异于 0，即在股票市场的不同状态，货币供应量对数增长率对投资者复合情绪指数的影响具有明显的非对称性；而 $\alpha_4 - \alpha_3$ 未能通过显著性检验，不能拒绝 $\alpha_4 - \alpha_3 = 0$ 的假设，即认为在股票市场的不同状态，不能拒绝存款准备金率变化对投资者复合情绪指数的影响具有对称性。

从模型（5-3）的各个参数估计结果可以发现，回归系数 α_3、α_4 在统计上是没有显著差异的，因此，可以将模型进一步改进为

$$\text{sent}_t = \gamma_0 + \gamma_1 \times \text{bup}_t \times (\text{rm2})_t + \gamma_2 \times (1 - \text{bup}_t) \times (\text{rm2})_t + \gamma_3 \times (\text{ru})_t + \varepsilon_t \quad (5\text{-}4)$$

在模型（5-4）中，设货币供应量对数增长率对投资者复合情绪指数的作用是非对称的，而存款准备金率变化对投资者复合情绪指数影响具有对称性。这样增强了模型的解释力，而且能更加灵活地研究货币政策变化对投资者情绪影响的非对称性。

为了更好地评价本书构造的投资者复合情绪指数及货币政策对投资者情绪的影响，本书选取了第 2 章构造的投资者复合情绪指数和消费者信心指数作为投资者情绪的代理变量，并运用模型（5-4）对货币政策对投资者情绪的影响进行实证分析。表 5-7 分别给出了投资者复合情绪指数和消费者信心指数作为投资者情绪代理变量时，模型（5-4）的估计结果。

表 5-7　货币政策变化对投资者情绪的估计结果（N=137）

参数	上海市场		深圳市场	
	投资者复合情绪指数	消费者信心指数	投资者复合情绪指数	消费者信心指数
γ_1	37.935* (4.12)	15.503 (1.60)	29.702* (3.11)	5.259 (0.532)
γ_2	−28.665* (−3.90)	−23.084* (−2.99)	−29.220* (−3.35)	−18.665** (−2.07)
γ_3	−0.047* (−3.40)	−0.052* (−3.61)	−0.047* (−3.29)	−0.051* (−3.45)
$\gamma_2-\gamma_1$	28.142*	8.5603*	16.470*	2.538
R^2	0.2140	0.1302	0.1530	0.0918

*、**分别表示在 1%、5%的显著水平下是显著的
注：括号中的值为相应的 t 值

从表 5-7 可以看出以下几点。

首先，利用上海市场和深圳市场的股票市场数据得到，常数项 γ_0 均未能通过 t 检验，因此，不能拒绝模型中常数项为 0 的假设，所以在模型选取的时候，选取截距项为 0 的模型进行估计。

其次，从上海市场中可以看出：①货币政策变量对投资者复合情绪指数影响的系数均通过了显著性检验，即认为货币政策变量对投资者复合情绪指数影响显著。②通过货币政策变量对消费者信心指数影响的估计结果发现，在股票市场高涨期，货币供应量对数增长率对消费者信心指数影响的系数未通过显著性检验；在股票市场低迷期，货币供应量对数增长率对消费者信心指数影响显著，而且存款准备金率变化对消费者信心指数的影响通过了显著性检验。在深圳市场上，货币政策变量对投资者复合情绪指数的影响与上海市场影响是相同的。

再次，在上海市场，不论是货币供应量对数增长率对投资者复合情绪指数的影响还是货币供应量对数增长率对消费者信心指数的影响均通过了非对称性检验。也就是 $\gamma_2-\gamma_1$ 通过了显著性检验，即在股票市场的不同状态，货币供应量对数增长率对投资者复合情绪指数的影响显著不同，货币供应量对数增长率对投资者复合情绪指数的影响具有非对称性。

最后，在深圳市场，货币供应量对数增长率对投资者复合情绪指数的影响通过了非对称性检验，但是货币供应量对数增长率对消费者信心指数的影响未通过

非对称性检验。也就是认为，货币供应量对数增长率对投资者复合情绪指数的影响具有显著的非对称性，但货币供应量对数增长率对消费者信心指数的影响不具有显著的非对称性。

本节从模型（5-4）的估计结果发现：①货币政策确实能影响投资者情绪。②将股票市场划分为两个状态，进而考虑在股票市场的不同状态，货币政策对投资者情绪影响的非对称性是合理的。在考虑这种非对称性时，要依据不同的货币政策变量做出不同的条件假设。此处，我们假设货币供应量对数增长率对投资者复合情绪指数的影响具有非对称性，而存款准备金率变化对投资者复合情绪指数的影响是对称的。

5.3　实证结果分析

为了分析货币政策对投资者情绪的影响及这种影响的非对称性，本书首先利用上海和深圳股票市场收益率与马尔可夫区制转换模型，将上海市场和深圳市场分别划分为两个状态，同时，得到每一时刻股票市场位于高涨期的平滑概率。然后利用回归分析来研究货币政策对投资者情绪影响的非对称性，回归结果见表 5-6和表 5-7。

5.3.1　货币供应量对投资者情绪的影响

央行实行增加或减少货币供给的政策，必然会给市场参与者的心理带来一定的冲击。货币供应量与投资者情绪指数（投资者复合情绪指数和消费者信心指数）的走势图见图 5-3。

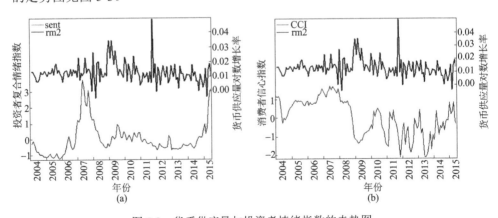

图 5-3　货币供应量与投资者情绪指数的走势图

由图 5-3 可以看出，投资者复合情绪指数对货币供应量具有滞后性，当货币供应量达到高点时，投资者复合情绪指数随后到达高点。当货币供应量到达短期低点时，投资者复合情绪指数随后到达低点，这个关系并不存在于整个样本期内，但也能够说明货币供应量与投资者复合情绪指数的关系。同样地，消费者信心指数与货币供应量在某个样本期内也具有这样的关系。

1. 货币供应量对数增长率对投资者复合情绪指数的影响

在上海市场的高涨期，货币供应量对数增长率对投资者复合情绪指数的影响是正向的，即货币供应量增加会使得投资者情绪上升。具体地，当货币供应量对数增长率增加 1 个百分点时，投资者复合情绪指数会增加 37.935 个标准单位。货币供应量的增加意味着市场上流动的货币增多，这些货币会流入到包括金融市场在内的各级市场。而此时，对于处在股票市场高涨期的投资者而言，央行释放出的宽松的货币政策信号，无疑进一步提高了他们对未来股票市场的乐观态度，从而增加了投资者的情绪。而在上海市场的低迷期，货币供应量对数增长率对投资者复合情绪指数的影响是反向的，即货币供应量增加会使得投资者情绪下降。具体地，当货币供应量对数增长率增加 1 个百分点时，投资者复合情绪指数会降低 28.665 个标准单位。

由实证结果可以发现，当股票市场处于低迷期时，增加货币供应量的宽松的货币政策，不会提高投资者的情绪。这可能是因为我国股票市场成立时间短，交易品种少，没有卖空机制，上市公司分红又较少，所以，投资者想通过上市公司分红和卖空获利基本是不可能的，只能通过买卖股票赚取其中差价来获利。当股票市场处于低迷期时，股票上涨幅度较小，要想通过赚取差价获利比较困难，因此，投资者对股票市场的预期比较悲观。所以当货币供应量增加，央行实行宽松的货币政策时，增加的流动货币会进一步涌入到各个二级市场，其中包括股票市场，但是对于处在低迷期的股票市场而言，尽管市场上流动的货币增多，但是大部分投资者对未来市场仍然持有悲观的态度，要想短期改变投资者对股票市场的预期是不可能的。因此，投资者情绪仍然会呈现出下降趋势。

在深圳市场上，货币供应量对数增长率对投资者复合情绪指数的影响与上海市场的影响方向是一致的。

但是对比上海市场和深圳市场可以发现：在股票市场高涨期的上海市场上，货币供应量对数增长率对投资者复合情绪指数的影响要大于深圳市场上货币供应量对数增长率对投资者复合情绪指数的影响；而在股票市场低迷期，上海市场的这种影响要低于深圳市场的影响。也就是说，当央行实行增加货币供应量的宽松的货币政策时，如果股票市场处于高涨期，投资者情绪会上扬，尤其是上海市场的投资者；如果股票市场处于低迷期，投资者情绪会下降，此时深圳市场的投资者情绪下降的幅度要大于上海市场投资者情绪下降的幅度。

2. 货币供应量对数增长率对消费者信心指数的影响

γ_1、γ_2 分别反映了股票市场的高涨期和低迷期，货币供应量对数增长率对消费者信心指数的影响。在上海市场，γ_1 未通过显著性检验，γ_2 通过了 t 检验。本节认为，货币供应量在股票市场低迷期对投资者情绪的影响是显著的，而在股票市场高涨期，这种影响是不显著的。

在深圳市场，结果与上海市场是一样的，γ_1 未通过显著性检验，γ_2 通过了 t 检验，也就是说，在深圳市场的高涨期，货币供应量对投资者情绪的影响是不显著的，而在低迷期这种影响是显著的。

从实证结果可知：第一，在股票市场的高涨期，不论上海市场还是深圳市场，消费者信心指数对增加货币供应量的宽松的货币政策均不敏感，即货币供应量对消费者信心指数影响不显著，而在上海市场和深圳市场的低迷期，增加货币供应量的宽松的货币政策，会使得消费者信心指数下降。第二，不论股票市场处于高涨期还是低迷期，货币供应量对数增长率在上海市场中对消费者信心指数的影响，要大于深圳市场中货币供应量对数增长率对消费者信心指数的影响。

3. 货币供应量对投资者情绪影响的非对称性

1）货币供应量对数增长率对投资者复合情绪指数影响的非对称性

由实证结果可以发现，在上海市场，$\gamma_2 - \gamma_1$ 通过了显著性检验，货币供应量对数增长率对投资者复合情绪指数影响具有非对称性。在股票市场的不同状态，货币供应量对数增长率对投资者复合情绪指数影响显著不同。股票市场高涨期，货币供应量增加会使投资者复合情绪指数上扬，而在股票市场低迷期，货币供应量的增加会使投资者复合情绪指数下降。在深圳市场上，这种非对称性也是显著成立的，即在上海市场和深圳市场，货币供应量对数增长率对投资者复合情绪指数的影响均是非对称的，是与市场状态有关的。这与 2010 年 Kurov[34]的结论是一致的。

2）货币供应量对数增长率对消费者信心指数影响的非对称性

由实证结果可以发现，在上海市场，$\gamma_2 - \gamma_1$ 通过了显著性检验，$\gamma_2 - \gamma_1$ 显著异于 0，但深圳市场 $\gamma_2 - \gamma_1$ 未通过显著性检验，说明在上海市场的不同状态，货币供应量对数增长率对消费者信心指数的影响显著不同；股票市场高涨期，货币供应量增加会使消费者信心指数上升，而在股票市场低迷期，货币供应量的增加会使消费者信心指数下降。在深圳市场上，这种非对称性并不显著。只有在上海市场，货币供应量对数增长率对消费者信心指数的影响是非对称的，即货币供应量对消费者信心指数的影响与市场状态有关。

5.3.2　存款准备金率对投资者情绪的影响

1. 存款准备金率变化对投资者复合情绪指数的影响

由实证结果可以发现，在上海市场，不论在高涨期还是低迷期，存款准备金率变化对投资者复合情绪指数的影响均是反向的，即存款准备金率的增加会使投资者复合情绪指数下降。从数值上看，在股票市场高涨期，存款准备金率提高 1 个百分点，投资者复合情绪指数下降约 0.047 个标准单位；在股票市场低迷期，存款准备金率提高 1 个百分点，投资者复合情绪指数下降约 0.046 个标准单位。因此，在股票市场的任何时期，存款准备金率变化对投资者复合情绪指数的影响是一致的，影响强度也大致相当。以降低存款准备金率为例，存款准备金率的降低，政府释放出宽松的货币政策，进一步促进了货币的流动性，同时银行也有更多的资金流入市场，包括金融市场、楼市及个人消费市场，从而稳定了投资者的心理，对股票市场同样也是如此。

在深圳市场，存款准备金率变化对投资者复合情绪指数的影响与上海市场大致相同。不论在高涨期还是低迷期，存款准备金率变化对投资者复合情绪指数的影响是反向的，即存款准备金率的增加会使投资者复合情绪指数下降。但从影响强度上来看，在深圳市场高涨期，存款准备金率提高 1 个百分点，投资者复合情绪指数下降约 0.062 个标准单位；在深圳市场低迷期，存款准备金率提高 1 个百分点，投资者复合情绪指数下降约 0.040 个标准单位。

2. 存款准备金率变化对消费者信心指数的影响

表 5-6 中的 α_3、α_4 分别反映了股票市场高涨期和股票市场低迷期投资者情绪对于存款准备金率变化的影响。该系数不论在深圳市场还是上海市场，也不论处于市场的哪个状态，均通过了显著性检验，并且均为负值。也就是说，存款准备金率变化对消费者信心指数的影响为负，不论处于市场的哪个状态，存款准备金率的降低均会使消费者信心指数增加。

从上述结果可以看出，存款准备金率这一货币政策在股票市场的任何状态对投资者的情绪影响都是一致的。投资者情绪在股票市场低迷期对存款准备金率变动出现上述反应说明，投资者相信政府及相关部门为了防止市场的连续下跌能够及时出台相应的政策来救市，这也就是"格林斯潘对策"（Greenspan put）。

3. 存款准备金率对投资者情绪影响的非对称性

表 5-6 中对 $\alpha_4 - \alpha_3$ 的检验发现：不论在上海市场还是深圳市场，$\alpha_4 - \alpha_3$ 均未能通过显著性检验，也就是不能拒绝 $\alpha_4 - \alpha_3 = 0$ 的假设。本节认为，存款准备金率

变化对投资者情绪指数（包括投资者复合情绪指数和消费者信心指数）的影响不具有非对称性，即在股票市场的高涨期和低迷期是一致的。

进一步地，由表 5-6 和表 5-7 可以发现，存款准备金率变化对投资者情绪影响具有显著的对称性，且通过对两个投资者情绪代理变量的影响可以发现，不论在上海市场还是深圳市场，存款准备金率变化对投资者情绪的影响基本一致，它的提高会使投资者情绪下降，且影响强度也大致相当。

5.3.3　货币政策对不同投资者情绪指数的影响

从货币政策对投资者复合情绪指数，以及消费者信心指数的影响对比可以发现以下内容。

第一，在上海市场高涨期，投资者复合情绪指数对货币供应量对数增长率更敏感。当货币供应量对数增长率增加 1 个百分点时，投资者复合情绪指数会增加37.935 个标准单位，但消费者信心指数只增加 15.503 个标准单位；股票市场低迷期，投资者复合情绪指数对货币供应量对数增长率也比消费者信心指数敏感，当货币供应量对数增长率增加 1 个百分点时，投资者复合情绪指数降低 28.665 个标准单位，而消费者信心指数降低 23.084 个标准单位。

第二，在深圳市场高涨期，投资者复合情绪指数也比消费者信心指数对货币供应量对数增长率更敏感。当货币供应量对数增长率增加 1 个百分点时，投资者复合情绪指数会增加 29.702 个标准单位，但消费者信心指数只增加 5.259 个标准单位；股票市场低迷期，投资者复合情绪指数也比消费者信心指数对货币供应量对数增长率更敏感，当货币供应量对数增长率增加 1 个百分点时，投资者复合情绪指数降低 29.220 个标准单位，而消费者信心指数降低 18.665 个标准单位。

第三，在上海市场，投资者复合情绪指数对存款准备金率变化的反应与消费者信心指数对存款准备金率变化的反应大致相当，强度也基本相同。

综合上述分析，不论是在上海市场还是深圳市场，也不论是股票市场高涨期还是股票市场低迷期，尽管消费者信心指数作为投资者情绪代理变量具有一定的解释力，但是该投资者情绪变量对货币政策变量的变化并不敏感，而投资者复合情绪指数对货币政策变量变化的反应更加敏感、解释力更强，这可能主要与消费者信心指数的调查范围小、局限性大等方面密切相关。

5.4　本章小结

为了考察货币政策在市场不同状态下对投资者情绪的影响，本书首先选取了上海和深圳两个股票市场，利用马尔可夫区制转换模型将上海市场与深圳市场分别划分为股票市场高涨期和股票市场低迷期两个状态，并选取了货币供应量对数增长率及存款准备金率变化作为货币政策变量的代理变量，将投资者复合情绪指数及消费者信心指数作为投资者情绪代理变量，分别考察了货币政策在这两个市场的不同状态，对不同的投资者情绪代理变量的影响，实证结果表明了如下内容。

（1）货币供应量对数增长率对投资者复合情绪指数影响显著，且这种影响在股票市场的不同状态是不同的，即这种影响是非对称的。

在上海市场和深圳市场，货币供应量对数增长率对投资者复合情绪影响比较显著，并且在市场的两个不同状态下，不论是影响大小还是影响方向均完全不同：在股票市场的高涨期，货币供应量对数增长率的增加会引起投资者复合情绪指数增加，并且这种效果在上海市场表现更为明显；而在股票市场的低迷期，货币供应量对数增长率的增加会引起投资者复合情绪指数下降，并且这种效果在深圳市场表现更为明显。也就是说，在股票市场高涨期，上海市场的投资者复合情绪指数更容易受到货币供应量变化的影响，而在股票市场的低迷期，深圳市场的投资者复合情绪指数更容易受到货币供应量变化的影响。

（2）存款准备金率变化对投资者复合情绪指数影响显著，并且这种影响在股票市场的不同状态是一致的，即这种影响具有对称性，与股票市场所处的市场状态无关。

在上海市场和深圳市场，存款准备金率变化对投资者复合情绪指数影响显著，存款准备金率变化的增加会引起投资者复合情绪指数下降，但是在市场的不同状态，这种影响是没有显著差异的，即认为存款准备金率变化对投资者复合情绪指数的影响具有对称性。

（3）货币政策对消费者信心指数也能产生影响：在股票市场的高涨期，货币供应量对数增长率的增加，会使得消费者信心指数上升，而在股票市场低迷期，货币供应量对数增长率的增加会引起消费者信心指数的下降，这种关系在上海市场和深圳市场均成立，且这种影响具有明显的非对称性，即货币供应量的增加对消费者信心指数的影响与股票市场所处市场状态有关。而存款准备金率变化对消费者信心指数的影响在上海市场和深圳市场是一致的，存款准备金率的增加会降低消费者信心指数，且这种影响具有对称性，与市场所处状态无关。

（4）本章通过货币政策对投资者复合情绪指数及消费者信心指数影响的对比可以发现：消费者信心指数作为投资者情绪的代理变量具有一定的解释力，但是该情绪变量对货币政策变量的变化不敏感，这主要与消费者信心指数调查的范围小、局限性大等密切相关。

第6章 投资者情绪对股票市场波动影响的实证分析

3.2 节介绍了投资者情绪对股票市场波动影响的传导机制,投资者情绪实际上是投资者的心理表现,随着行为金融学的发展,投资者情绪在金融市场运转过程中的作用越来越大,并且不可忽视。经典的金融理论认为,市场是有效的并且投资者是理性的,但现实的金融市场往往比较复杂,与经典金融理论的假设相距甚远,从而实际情况会对金融市场产生一定的影响。Clarke 和 Statman[61]、Wayne 等[63]分别于 1998 年及 2002 年研究了投资者情绪与股票市场之间的关系。而国内也有许多学者对中国股票市场上投资者情绪与股票市场之间的关系进行了相应的研究,研究主要集中在两个方面:一方面,将股票市场作为一个整体来研究投资者情绪对股票市场的影响(包括股票市场收益或股票市场波动);另一方面,研究投资者情绪对不同类型股票的影响,即研究投资者情绪对股票市场的横截面效应。2013 年胡昌生和池阳春[87]研究了在不同的市场估值阶段,投资者情绪对股票市场波动性的影响。本章将股票市场划分为两个状态即股票市场的高涨期和低迷期来进行考察。

第 5 章主要通过回归分析,分析了股票市场的不同状态,货币政策变量变化对投资者情绪的影响,我们可由此估计货币政策变量变化引起的投资者情绪的变动。本章将继续分析与讨论投资者情绪在股票市场的不同状态对股票市场收益和股票市场波动的影响。本章主要按照以下思路进行研究。

首先给出本章所需要的数据,包括上证指数的收益率和波动率,以及货币政策引起的投资者情绪,并对数据进行相应的分析和处理;其次,给出所需要的计量模型及估计结果;再次,在 6.3 节进行实证分析,利用 MS-VAR 模型进行区间分制和脉冲响应分析;最后对本章进行总结。

6.1 变量的选择与数据处理

第 5 章研究了货币政策变化对投资者情绪的影响,在对模型(5-4)进行估计的基础上,可得其拟合值,此拟合值反映了货币政策变化引起的投资者情绪的变动,因此,选取此拟合值作为货币政策变化所引起的投资者情绪为本章的投资者情绪代理变量,用 $isent_t$ 来表示 t 时期的投资者情绪指数。本章的股票市场数据选取上证指数收益率(shr_t),样本数据选自 2004 年 1 月至 2015 年 6 月;股票市场的波动率选取上证指数波动率(vol_t),具体计算方法是:计算每一个月内股票市场指数日收益的标准差，最后得到每月收益率的波动率的估计。所有数据均来源于 RESST 金融研究数据库。本节利用 ADF 检验，采用 AIC 对所有数据进行平稳性检验，检验结果如表 6-1 所示。

表 6-1　投资者情绪指数、上证指数收益率及上证指数波动率的平稳性检验

变量	ADF 检验		
	t 值	p 值	(c,t,k)
isent_t	−2.5070	0.0123***	$(0,0,2)$
shr_t	−3.2770	0.0012*	$(0,0,3)$
vol_t	−4.7833	0.0001*	$(1,0,0)$

*、***分别表示在 1%、10%的显著水平下是显著的

注：c、t、k 分别表示常数项、趋势项和滞后阶数

从表 6-1 可以看出，投资者情绪指数、上证指数收益率及上证指数波动率都是平稳的，即均为零阶单整的。其中，投资者情绪指数在 10%的显著性水平下零阶单整，而上证指数波动率和上证指数收益率在 1%的显著性水平下即平稳。因此，我们选取各个变量进行计量分析。

6.2　模型的选择、估计与检验

6.2.1　模型的选择与估计

为了研究货币政策引起的投资者情绪与股票市场波动的动态关系，本书借鉴 1994 年 Hamilton[117]和 1997 年 Krolzig[118]的研究，采用 MS-VAR 模型来研究投资者情绪、股票市场收益和股票市场波动之间的动态关系。为了估计投资者情绪与股票市场之间的动态关系，将中国股票市场划分为两个状态，构建两区制的 MS-VAR 模型如下：

$$\begin{pmatrix} \text{shr}_t \\ \text{vol}_t \\ \text{isent}_t \end{pmatrix} = \begin{pmatrix} v_{1,s_t} \\ v_{2,s_t} \\ v_{3,s_t} \end{pmatrix} + \sum_{k=1}^{q} \begin{pmatrix} \beta_{11,s_t}^{(k)} & \beta_{12,s_t}^{(k)} & \beta_{13,s_t}^{(k)} \\ \beta_{21,s_t}^{(k)} & \beta_{22,s_t}^{(k)} & \beta_{23,s_t}^{(k)} \\ \beta_{31,s_t}^{(k)} & \beta_{32,s_t}^{(k)} & \beta_{33,s_t}^{(k)} \end{pmatrix} \begin{pmatrix} \text{shr}_{t-k} \\ \text{vol}_{t-k} \\ \text{isent}_{t-k} \end{pmatrix} + \begin{pmatrix} \varepsilon_{1t} \\ \varepsilon_{2t} \\ \varepsilon_{3t} \end{pmatrix} \begin{matrix}(1)\\(2)\\(3)\end{matrix} \qquad (6\text{-}1)$$

模型（6-1）反映了投资者情绪与股票市场之间的动态关系。模型（6-1）中的方程（1）经过检验，在某一区制中，如果 $\text{vol}_{t-1}, \text{vol}_{t-2}, \cdots, \text{vol}_{t-q}$ 的系数 $\beta_{12,s_t}^{(k)}$ 能通过显著性检验，则认为在该区制中，vol 是 shr 的格兰杰原因，模型（6-1）中的其他方程也可以类似解释。

　　模型（6-1）构建了一个反映投资者情绪（isent）、上证指数收益率（shr）及上证指数波动率（vol）的 MS-VAR 模型。在 MS-VAR 模型中，由于模型的均值、方差、自回归参数及截距项可能会随着区制（即状态）的变化而发生变化，可形成参数随着区制而变化的 MS-VAR 模型。我们在本书中选取两个状态，即股票市场的高涨期和低迷期来研究各变量在这两个状态之间的相互关系。

　　根据模型的 AIC、SC、HQ 及 LR 统计量选取合适的模型，MS-VAR 模型的选择见表 6-2。

表 6-2　　MS-VAR 模型的选择

统计量	模型				
	MSIH(2)-VAR(2)	MSIH(2)-VAR(3)	MSI(2)-VAR(4)	MSIH(2)-VAR(4)	MSH(2)-VAR(4)
LR	697.4645	715.2022	644.8901	719.0371#	694.4619
AIC	−9.7698	−9.9732#	−8.9457	−9.9705	−9.6460
HQ	−9.4375	−9.5601#	−8.5402	−9.4759	−9.1780
SC	−8.9521	−8.9568#	−7.8591	−8.7535	−8.4943
LR 线性检验：173.0182		$\chi^2(9)=[0.0000]$**	$\chi^2(11)=[0.0000]$**		DAVIES=[0.0000]**

\#表示每种规则下的最优选择；**表示在 5%的显著水平下是显著的

　　对于模型（6-1），LR 线性检验统计量（$\chi^2(9)$, $\chi^2(11)$, DAVIES）都显著地拒绝了原假设，即拒绝了原模型是线性的假设。并且可以发现，MS-VAR 模型要优于 VAR 模型。从表 6-2 中可以看出，MSIH(2)-VAR(3)模型的 AIC、SC 及 HQ 的值在这些模型中均是最优，尽管该模型的 LR 值不是最优的，但也仅次于最优，并且该模型的 LR 线性检验统计量为 173.0182，χ^2 统计量也通过了检验，因此我们选择 MSIH(2)-VAR(3)模型。

　　图 6-1 显示了投资者情绪指数、上证指数收益率和上证指数波动率之间的关系，图 6-2 显示了 MSIH(2)-VAR(3)模型 2004 年 1 月[①]至 2015 年 6 月两区制的估计概率情况，包括过滤概率、平滑概率和预测概率。

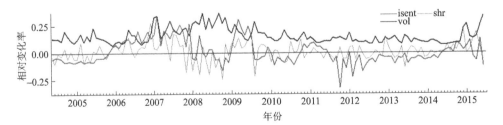

图 6-1　　投资者情绪指数、上证指数收益率和上证指数波动率之间的关系

———————————

① 数据是从 2004 年 1 月开始的，由于模型需滞后 3 期，图形中时间滞后。

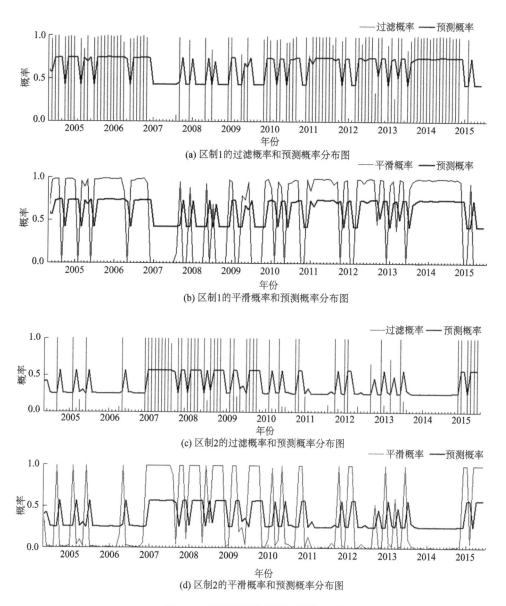

(a) 区制1的过滤概率和预测概率分布图

(b) 区制1的平滑概率和预测概率分布图

(c) 区制2的过滤概率和预测概率分布图

(d) 区制2的平滑概率和预测概率分布图

图 6-2　我国股票市场的区制概率图

　　图 6-2 比较好地模拟了上证指数收益率在两个状态之间转换的过程。我国股票市场从 1999 年的 "5·19" 行情过后，股民最关注的问题就是股权分置改革，这一因素被大多数股民作为利空因素，因此，股票市场从 2001 年开始出现了由解决股权分置改革带来的熊市，此次调整时间较长，这一时期我国股票市场处于低迷期，大部分样本点位于区制 1。2005 年 4 月底，中国银行业监督管理委员会宣布了股权

分置改革，股票市场经过了为期两个月的盘整，2006 年以后，中国的股票市场随着股权分置改革的实施，开始了上涨行情。这一行情持续到 2007 年 11 月，上证指数也一路上扬，最高达到 6124 点的历史高点，而这一时期中国股票市场处于高涨期，这一时期的大部分样本点位于区制 2。尽管 2007 年由美国次贷危机带来的全球金融危机也引起了中国股票市场的大幅下跌，但持续时间较短，所以，这期间的大部分样本位于区制 2。2009 年后，全球经济复苏，中国股票市场也出现了一波反弹行情，但是反弹乏力，这期间的样本点在两个区制之间转化。随后中国股票市场经历了漫长的调整过程，直至样本观测点结束。虽然中间有反弹，但大多数样本位于区制 1，故区制 1 反映了我国股票市场的低迷期，区制 2 反映了我国股票市场的高涨期，所以，本章引入两区制模型来刻画股票市场，比较直观地反映了股票市场现实。

表6-3~表6-5分别给出了各个区制的性质及各个区制之间的相互关系。其中，表 6-3 给出各个区制之间的转移概率矩阵，表 6-4 给出了各个区制中平均样本数及各个区制的持续期的概率，表 6-5 给出了各个区制的同期相关系数。

表 6-3　区制的转移概率矩阵

状态	区制 1	区制 2
区制 1	0.7485	0.2515
区制 2	0.4300	0.5700

表 6-4　区制的性质

状态	平均样本数/个	概率	持续期/月
区制 1	84.8	0.6309	3.98
区制 2	49.2	0.3691	2.33

表 6-5　各个区制的同期相关系数

	区制 1		
变量	isent	shr	vol
isent	1.0000		
shr	0.4725	1.0000	
vol	−0.2957	−0.2320	1.0000

	区制 2		
变量	isent	shr	vol
isent	1.0000		
shr	0.2709	1.0000	
vol	0.1554	−0.3552	1.0000

从表6-3和表6-4可以看出,系统维持在区制1的概率为0.7485,大约有63.09%的时间处于区制1,所有样本中平均有84.8个样本数位于区制1,该区制平均可持续3.98个月;维持在区制2的概率为0.5700,大约有36.91%的时间处于区制2,区制2平均可持续2.33个月。从区制1转换到区制2的概率为0.2515,从区制2到区制1的概率为0.4300,所有的概率均小于1,进一步说明了我国股票市场的状态不稳定性。从上述分析可以看出,股票市场的低迷期比股票市场高涨期持续的时间要长,而且由股票市场低迷期转换到高涨期的概率要低于由股票市场高涨期转换到低迷期的概率,这一点确实与我国股票市场的实际情况相符。

由表6-5可知,在区制1,投资者情绪指数和上证指数收益率之间呈正相关,即投资者情绪越高(投资者乐观),股票市场收益就越高;反之,投资者情绪越低(投资者悲观),则股票市场收益就越低;而在区制2,投资者情绪指数和上证指数收益率仍然是正相关的,即投资者情绪和股票市场收益是同向变化的。而投资者情绪指数与上证指数波动率两者之间在市场两个状态的关系是不同的:在股票市场低迷期,两者之间呈负相关,即投资者情绪越高,则股票市场波动越小;反之,若投资者情绪越低,则股票市场波动越大。股票市场高涨期,投资者情绪指数和上证指数波动率两者之间是正相关的,即投资者情绪越高,股票市场波动也越大,投资者情绪越低,股票市场波动就越小。对于上证指数收益率和上证指数波动率,不论在区制1还是区制2两者之间都是负相关的。

对于模型(6-1),我们选取了MSIH(2)-VAR(3)模型,即截距项和方差随着区制的变化而变化,但是自回归参数不随着区制的变化而改变。表6-6和表6-7分别给出了回归参数值,其中,表6-6给出了随着区制的变化而发生改变的回归参数——截距项和方差,表6-7给出了模型(6-1)不随区制改变的回归参数的估计值。

表 6-6　MSIH(2)-VAR(3)模型中与区制有关的回归参数

回归参数	状态	isent	shr	vol
截距项 I	区制 1	−0.1048	0.1769	0.0047
	区制 2	−0.2939	0.0285	0.0123
方差 H	区制 1	0.2021	0.0444	0.0017
	区制 2	0.5420	0.1193	0.0056

表 6-7　MSIH(2)-VAR(3)模型的回归参数估计

回归参数	shr_t	vol_t	$isent_t$
shr_{t-1}	0.0081	−0.0009	0.2606
shr_{t-2}	0.0351	0.0055 ***	1.0014 *

回归参数	shr_t	vol_t	$isent_t$
shr_{t-3}	-0.1304***	-0.0098*	0.6802***
vol_{t-1}	-2.9289**	0.3945*	-4.3702
vol_{t-2}	1.6251	0.0525	7.5883
vol_{t-3}	0.5238	0.0744	7.2155
$isent_{t-1}$	0.0507*	-0.0002	0.2548*
$isent_{t-2}$	-0.0025	0.0005	0.2587*
$isent_{t-3}$	0.0141	0.0003	0.2950*
$\chi^2(9)=[0.0000]$**		$\chi^2(11)=[0.0000]$**	DAVIES$=[0.0000]$**

*、**、***分别表示在 1%、5%、10%的显著水平下是显著的

6.2.2　模型的检验

根据表 6-7 中 MSIH(2)-VAR(3)模型的参数估计值,模型(6-1)中的方程(1)投资者情绪指数的一阶滞后项系数通过了显著性检验,故可以认为投资者情绪指数(isent)是上证指数收益率(shr)的格兰杰原因。同时,还可以发现,上证指数波动率的一阶滞后项系数也通过了显著性检验,因此认为上证指数波动率(vol)是上证指数收益率(shr)的格兰杰原因。同理,在方程(2)中,可以发现上证指数收益率(shr)是上证指数波动率(vol)的格兰杰原因。在方程(3)中,上证指数收益率(shr)是投资者情绪指数(isent)的格兰杰原因。根据 MSIH(2)-VAR(3)模型,检验上证指数收益率(shr)、上证指数波动率(vol)、投资者情绪指数(isent)是否具有显著的格兰杰关系,其结果见表 6-8。

表 6-8　格兰杰因果检验结果

方程	结论
方程(1)	vol 是 shr 的格兰杰原因
	isent 是 shr 的格兰杰原因
方程(2)	shr 是 vol 的格兰杰原因
	isent 不是 vol 的格兰杰原因
方程(3)	shr 是 isent 的格兰杰原因
	vol 不是 isent 的格兰杰原因

根据表 6-8 观察投资者情绪指数(isent)和股票市场的关系。在股票市场的变量选取方面,本节主要选取了上证指数收益率(shr)和上证指数波动率(vol)两个变量。投资者情绪指数(isent)是上证指数收益率(shr)的格兰杰原因,而

不是上证指数波动率（vol）的格兰杰原因，这说明投资者的情绪确实会影响到股票市场的收益；反过来，上证指数收益率（shr）是投资者情绪指数（isent）的格兰杰原因，但上证指数波动率（vol）不是投资者情绪指数（isent）的格兰杰原因，认为股票市场变化对投资者情绪会产生一定程度的影响。综上分析认为，投资者情绪与股票市场收益是互为双向格兰杰因果关系的，股票市场收益与股票市场波动也是互为双向格兰杰因果关系的，但投资者情绪与股票市场波动却并不互为格兰杰因果关系，这说明货币政策引起的投资者情绪确实会在一定程度上影响股票市场。

6.3　投资者情绪对股票市场收益和股票市场波动影响的实证结果分析

对 VAR 模型进行脉冲响应分析，能够对模型内的经济变量对给定的一个外生冲击所能产生的随时间变化的动态响应进行了解。

为更深入地讨论投资者情绪与股票市场之间的动态响应关系，比较股票市场处于不同状态时这种响应关系之间的区别，本节使用基于区制的累积脉冲响应进行分析。

6.3.1　股票市场收益和股票市场波动对投资者情绪冲击的响应

图 6-3 给出投资者情绪指数受到一个标准差的正冲击时，上证指数收益率及上证指数波动率的动态变化情况。

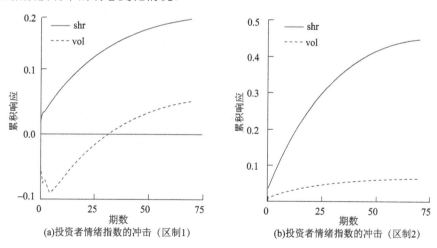

图 6-3　投资者情绪指数冲击在不同区制的累积脉冲响应图

（1）给定投资者情绪指数一个正向冲击，在区制 1 下，会使上证指数收益率当月立刻上涨 0.02，且累积响应持续上升；在区制 2 下，投资者情绪指数的正冲击会引起当月的上证指数收益率立即上升，且上升的幅度明显大于区制 1 中的上升幅度，且最后累积响应基本上保持在 0.45 左右。由投资者情绪指数与上证指数收益率的同期相关系数可以看出，它们当期是同向变化的，另外由表 6-7 可知，滞后一期的投资者情绪指数对上证指数收益率的影响通过了显著性检验，且滞后一期的投资者情绪指数与上证指数收益率也是同向变化的。短期来看，投资者的乐观情绪，不论在股票市场的低迷期还是高涨期，均会使股票市场收益上升。通过对比还可以发现，在股票市场的高涨期，股票市场收益更容易受到投资者乐观情绪的影响；长期来看，不论是股票市场低迷期还是高涨期，投资者的乐观情绪均会使股票市场收益上升，这一点与理论模型是相符的。单期 DSSW 模型即式（3-13）显示，投资者情绪即（$\varepsilon - e$）与股票市场的均衡价格呈现出正向变化。

（2）在区制 1 和区制 2 下，给定投资者情绪指数一个标准差的正冲击，其对上证指数波动率影响则不同。在区制 1，投资者情绪指数的正冲击使上证指数波动率立刻下降到-0.04 左右，且上证指数波动率的累积响应在第 5 期末达到最低约 -0.1，随后上证指数波动率的累积响应上升，在大约 30 期时，累积响应为 0，随后累积响应为正，并逐渐上升；而在区制 2，投资者情绪指数的正冲击会使上证指数波动率立刻上升到 0.01 左右，并且这种累积响应持续上升，逐渐稳定在 0.05 左右。从投资者情绪指数与上证指数波动率的同期相关系数也可以看出，在区制 1，投资者情绪指数与上证指数波动率是负相关的，即投资者情绪的增加会使股票市场波动下降，而在区制 2，投资者情绪指数与上证指数波动率是正相关的，即投资者情绪的上升会使上证指数波动增加。从表 6-7 也可以看出，投资者情绪指数的滞后一期与上证指数波动率变化方向相反，而滞后二期和滞后三期与上证指数波动率变化方向相同。总体上来看，在两个区制内，投资者情绪指数对上证指数波动率的影响方向是不同的，在股票市场低迷期，投资者情绪指数的正冲击会使得上证指数波动率立刻下降，随后缓慢上升，最终会逐渐平稳。而在股票市场高涨期，投资者情绪指数的正冲击会使得当期上证指数波动率立刻上升，随后缓慢上升，最后逐渐平稳。这与我国股票市场的实际情况是相符的。在股票市场高涨期，投资者情绪越乐观，根据单期 DSSW 模型即式（3-13），投资者情绪即（$\varepsilon - e$）会增加，从而使得股票市场的均衡价格上升。

6.3.2　投资者情绪对股票市场收益和股票市场波动冲击的响应

1. 投资者情绪对股票市场收益冲击的响应

给定上证指数收益率一个标准差的正向冲击时，投资者情绪指数及上证指数波动率的动态变化见图 6-4。

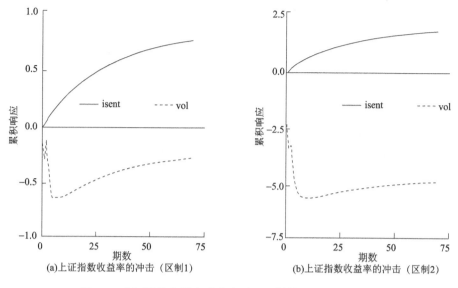

图 6-4　上证指数收益率冲击在不同区制的累积脉冲响应图

图 6-4 给出了上证指数收益率的正冲击。首先，从图 6-4 可以看出，给定上证指数收益率一个标准差的正冲击，对于投资者情绪指数而言，不论是区制 1 还是区制 2，其均不会立即发生改变，而是慢慢地逐步上升，区制 2 下，上证指数收益率的冲击对投资者情绪指数的影响明显要大于区制 1 下上证指数收益率对投资者情绪指数的影响。从表 6-7 还可以看出，上证指数收益率滞后二期和滞后三期对投资者情绪指数影响的系数均通过了显著性检验，且上证指数收益率与投资者情绪指数是同向变化的。总体来看，上证指数收益率的正向冲击，不论在股票市场高涨期还是低迷期，均不会立刻影响到投资者情绪指数，但长期看来仍然会使投资者情绪指数增加并逐渐趋于平稳。

其次，从图 6-4 能够看出，给定上证指数收益率一个正向冲击，均会使当期上证指数波动率立刻下降。由表 6-5 上证指数收益率与上证指数波动率的同期相关系数可知，上证指数收益率与上证指数波动率同期是负相关的，上证指数收益率的增加会使得上证指数波动率下降。在区制 1 下，上证指数波动率下降的幅度要小于区制 2 下上证指数波动率下降的幅度。区制 1 中，上证指数波动率立即下降到 0.015，而区制 2 中，上证指数波动率立即下降 2 个单位左右，随后继续降低，在这两个区制中，均是第 7 期达到负的最大值。综上所述，不论在股票市场高涨期还是股票市场低迷期，上证指数收益率的增加均会使上证指数波动率立即下降，长期来看，上证指数波动率会逐渐趋于平稳。上证指数收益率的正向冲击对上证指数波动率的累积响应在股票市场高涨期的变化幅度要大于股票市场低迷期的变化幅度。

2. 投资者情绪对股票市场波动冲击的响应

图 6-5 和图 6-6 分别给出上证指数波动率受到一个标准差的正向冲击时，投资者情绪指数及上证指数收益率的 75 期和 15 期的脉冲响应函数。

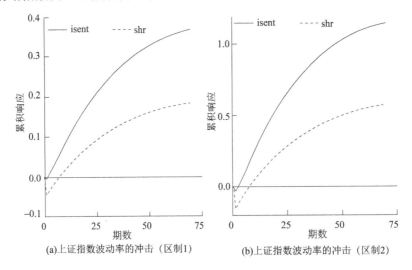

(a)上证指数波动率的冲击（区制1）　　　(b)上证指数波动率的冲击（区制2）

图 6-5　上证指数波动率冲击在不同区制的累积脉冲响应图（75 期）

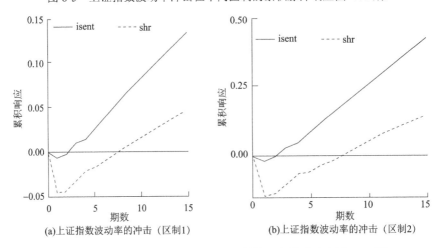

(a)上证指数波动率的冲击（区制1）　　　(b)上证指数波动率的冲击（区制2）

图 6-6　上证指数波动率冲击在不同区制的累积脉冲响应图（15 期）

如图 6-5 和图 6-6 所示，首先，给定上证指数波动率一个标准差的正向冲击，对投资者情绪指数而言，两个区制的累积响应基本一致，但是在区制 2 下的累积响应要大于区制 1 下的累积响应。对于上证指数波动率的正冲击，均不会使投资者情绪指数立即发生变化，而是从 0 开始先出现小幅下降，在第 1 期末达到最低，随后累积响应逐步提高，到第 2 期末累积响应为 0，并逐渐为正，最终保持稳定。

总体来看，上证指数波动率会使投资者情绪指数上升：短期来看，不论股票市场的高涨期还是股票市场的低迷期，上证指数波动率的增加不会立刻改变投资者情绪指数，但长期看来，会使得投资者情绪指数增加，并逐渐趋于稳定。这说明股票市场波动的增加会提高投资者情绪，并且这种影响在股票市场高涨期会更显著。

其次，给定上证指数波动率一个正向冲击，上证指数收益率的累积响应基本上也是一致的，都不能显著改变当月的累积响应，累积响应都是从 0 开始逐步下降，在 1 期末下降到负的最大值后逐步上升，在第 8 期累积响应为 0，最终保持稳定增长。相比较而言，上证指数波动率变动对投资者情绪指数和上证指数收益率的影响在区制 2 下比在区制 1 下大。总体来看，不论在股票市场的高涨期还是低迷期，上证指数波动率对上证指数收益率的影响方式大致相同：短期不会使上证指数收益率立刻发生变化，长期会使上证指数收益率增加并逐渐稳定。这说明，股票市场波动的变化，会使股票市场收益上升，且股票市场高涨期表现更为显著。根据单期 DSSW 模型即式（3-13），股票市场波动的加剧，导致 σ_p^2 增加，从而会使得股票市场的均衡价格上升。

6.4　本　章　小　结

本章运用 MS-VAR 模型，研究了我国股票市场 2004 年 1 月至 2015 年 6 月投资者情绪、股票市场收益和股票市场波动之间的关系，并得出以下结论。

（1）将股票市场划分为两个状态是合理的，区制 1 代表股票市场低迷期，区制 2 代表股票市场高涨期。在两种状态下，投资者情绪和股票市场收益均是同向变化的，即投资者情绪越高（即投资者乐观），相应地股票市场收益就越高；反之，投资者情绪越低（即投资者悲观），则股票市场收益就越低。而投资者情绪与股票市场波动两者之间的关系在市场的两个状态是不同的，在股票市场低迷期，两者之间呈负相关，即投资者情绪越高，则股票市场波动越小；反之，若投资者情绪越低，则股票市场波动越大。在股票市场高涨期，投资者情绪和股票市场波动之间是正相关的，即投资者情绪越高，股票市场波动也越大；反之，投资者情绪越低，股票市场波动就越小。股票市场收益和股票市场波动不论在区制 1 还是区制 2，两者之间都是负相关的。

（2）基于不同区制的累积脉冲响应分析表明：第一，投资者情绪冲击对股票市场波动的影响在股票市场的不同状态是明显不同的。在股票市场高涨期，投资者情绪的正向冲击会使得当期股票市场波动立刻上升，随后缓慢上升，最后累积响应为正值；而在股票市场低迷期，投资者情绪的正向冲击却使得当期的股票市场波动下降，下降到负的最大值后，才缓慢上升，最后累积响应为正。投资者情绪冲击对股票市场收益的影响也比较显著，并且在股票市场的高涨期和低迷期的影响是不同的。短期内，乐观情绪会使股票市场收益立即上升，但在股票市场高涨期上升的幅度要大于股票市场低迷期上升的幅度；长期内，不论股票市场处于高涨期还是低迷期，股票市场收益对投资者情绪冲击的响应是相同的。第二，股票市场收益的冲击对投资者情绪和股票市场波动的作用都比较明显，而且股票市场高涨期和低迷期的影响方式基本相同，但是股票市场高涨期冲击的影响要比股票市场低迷期的影响大。第三，股票市场波动的正向冲击对投资者情绪和股票市场收益的影响均比较显著。不论是在股票市场高涨期还是在股票市场低迷期，股票市场收益对股票市场波动的正向冲击都不会立刻做出反应，而是有延迟的，且短期会表现出负响应，这种累积响应会缓慢上升，长期表现出正响应并逐渐地趋于平稳。

总体而言，在我国出现上述这些现象，跟投资者的整体结构、专业素质和对信息的处理能力等有关。我国股票市场成立时间较短，相关法律法规不健全，市场参与者的风险意识尚缺，导致了投资者专业素质总体不高、盲目从众现象比较严重，并且投资者情绪容易受到一些噪声信息的影响，从而影响股票市场的收益和波动，而股票市场的收益和波动又反过来对其产生影响。在这样的背景下，投资者情绪更容易两极分化，如果在股票市场处于持续上涨阶段，投资者更容易盲目乐观，会加倍放大一些利好信息而忽视风险信息提示；反之，在股票市场处于持续下跌或调整阶段，投资者又盲目悲观，不会轻举妄动，对一些利好消息又视而不见、听而不闻。因此，在我国股票市场发展的现阶段，更应该加强投资者的风险教育。上述结论能够使投资者更好地了解自身投资风险收益特点，并为相关监管部门更具体地掌握投资者情绪和市场风险提供一定的帮助，使其更好地进行相关政策的制定。因此通过前面的讨论，我们有以下几点建议。

（1）央行在制定货币政策时，应该考虑投资者情绪，即投资者情绪应该作为央行制定货币政策的一个参考变量。尽管在现实的金融市场中要想准确预测投资者情绪确实存在一定的困难，但也不是毫无办法。可以通过股票市场的相应指标，如收益率、波动率、换手率及市盈率等指标来对投资者情绪进行判断，从而制定出相应的防御性措施。

（2）央行在制定货币政策时，可以适当兼顾考虑股票市场所处的市场状态，即股票市场是处于高涨期还是低迷期，这应该作为央行制定货币政策的参考依据。在制定并实施具体的货币政策时，兼顾考虑股票市场的状态，以抑制或提高投资者情绪，防止引起股票市场大的波动，从而促使股票市场健康、稳定发展，为实体经济的发展提供坚强、有力的保障。本书进一步通过实证分析发现，在股票市场的低迷期，实行降低存款准备金率的扩张的货币政策对投资者情绪的影响要大于增加货币供给的扩张的货币政策对投资者情绪的影响。

参 考 文 献

[1] Bernanke B S, Kuttner K N. What explains the stock market's reaction to Federal Reserve policy?[J]. The Journal of Finance, 2005, 60(3): 1221-1257.

[2] Kahneman D, Tversky A. Prospect theory: an analysis of decision under risk[J]. Econometrica, 1979, 47(2): 263-292.

[3] Black F. Noise[J]. The Journal of Finance, 1986, 41(3): 529-543.

[4] Hamilton J D. A new approach to the economic analysis of nonstationary time series and the business cycle[J]. Economitrica, 1989, 57(2): 357-384.

[5] Robertson A N, Farrar C, Sohn H. Singularity detection for structural health monitoring using holder exponents[J]. Mechanical Systems and Signal Processing, 2003, 17(6): 1163-1184.

[6] Cecchetti S G, Lam P S, Mark N C. Mean reversion in equilibrium asset prices[J]. American Economic Review, 1990, 80(3): 398-418.

[7] Schwert G W. Business cycles, financial crises, and stock volatility[J]. Carnegie-Rochester Conference Series on Public Policy, 1989, 31(1): 83-125.

[8] Garcia R, Perron P. An analysis of the real interest rate under regime shifts[J]. Review of Economics and Statistics, 1996, 78(1): 111-125.

[9] Jennie E R, Robert W R. Oil and the macroeconomy: a markov state-switching approach[J]. Journal of Money, Credit and Banking, 1997, 29(2): 193-213.

[10] Kim C J, Nelson C R. State Space Models with Regime Switching[M]. Cambridge: MIT Press, 1999.

[11] de Bondt W F M, Thaler R. Does the stock market overreact?[J]. The Journal of Finance, 1985, 40(3): 793-805.

[12] Becketti S, Sellon G H. Has financial market volatility increased?[J]. Economic Review, 1989, 74(6): 17-30.

[13] 朱伟骅, 廖士光. 投资者行为与市场波动[M]. 上海: 上海人民出版社, 2012.

[14] Sprinkel B W. Monetary policy, balance of payments, and financial markets[J]. The Journal of Business, 1964, 37(1): 25-27.

[15] Keran M W. Expectations, money and the stock market[J]. Federal Reserve Bank of St. Louis, 1971, 53(1): 16-31.

[16] Homa K E, Jaffee D M. The supply of money and common stock prices[J]. The Journal of Finance, 1971, 26(5): 1045-1066.

[17] Hamburger M J, Kochin L A. Money and stock prices: the channels of influences[J]. The Journal of Finance, 1972, 27(2): 231-249.

[18] Rozeff M S. Money and stock prices: market efficiency and the lag in effect of monetary policy[J]. Journal of Financial Economics, 1974, 1(3): 245-302.

[19] Pesando J E. The supply of money and common stock prices: further observations on the econometric evidence[J]. The Journal of Finance, 1974, 29(3): 909-921.

[20] Cooper R V L. Efficient capital markets and the quantity theory of money[J]. The Journal of Finance, 1974, 29(3): 887-908.

[21] Rogalski R J, Joseph D V. Stock returns, money supply and the direction of causality[J]. The Journal of Finance, 1977, 32(4): 1017-1030.

[22] Berkman N G. On the significance of weekly changes in MN[J]. New England Economic Review, 1978, (1): 5-22.

[23] Pearce D K, Roley V V. Stock prices and economic news[J]. The Journal of Business, 1985, 58(1): 49-67.

[24] Hashemzadeh N, Taylor P. Stock prices, money supply, and interest rates: the question of causality[J]. Applied Economics, 1988, 20(12): 1603-1611.

[25] Bernanke B S, Blinder A S. The federal funds rate and the channels of monetary transmission[J]. American Economic Review, 1992, 82(4): 901-921.

[26] Thorbecke W. On stock market returns and monetary policy[J]. The Journal of Finance, 1997, 52(2): 635-654.

[27] Patelis A D. Stock return predictability and the role of monetary policy[J]. The Journal of Finance, 1997, 52(5): 1951-1972.

[28] Conover C, Jensen G R, Johnson R R. Monetary environments and international stock returns[J]. Journal of Banking and Finance, 1999, 23(9): 1357-1381.

[29] Bernanke B S, Kuttner K N. What explains the stock market's reaction to Federal Reserve policy?[R]. Working Paper, Board of Governors of the Federal Reserve System, 2003.

[30] Rigobon R, Sack B. Measuring the reaction of monetary policy to the stock market[J]. Quarterly Journal of Economics, 2003, 118(2): 639-669.

[31] Boyd J, Hu J, Jagannathan R. The stock market's reaction to unemployment news: why bad news is usually good for stocks[J]. The Journal of Finance, 2005, 60(2): 649-672.

[32] Chen S S. Does monetary policy have asymmetric effects on stock returns?[J]. Journal of Money, Credit and Banking , 2007, 39(2/3): 667-688.

[33] Basistha A, Kurov A. Macroeconomic cycles and the stock market's reaction to monetary policy[J]. Journal of Banking and Finance, 2008, 32(12): 2606-2616.

[34] Kurov A. Investor sentiment and the stock market's reaction to monetary policy[J]. Journal of Banking and Finance, 2010, 34(1): 139-149.

[35] 唐齐鸣, 李春涛. 股票收益与货币政策的关系研究[J]. 统计研究, 2000, (12): 36-40.

[36] 中国人民银行研究局课题组. 中国股票市场发展与货币政策完善[J]. 金融研究, 2002, (4): 1-12.

[37] 孙华妤, 马跃. 中国货币政策与股票市场的关系[J]. 经济研究, 2003, (7): 44-53, 91.

[38] 郭金龙, 李文军. 我国股票市场发展与货币政策互动关系的实证分析[J]. 数量经济技术经济研究, 2004, (6): 18-27.

[39] 袁靖. 由泰勒规则货币政策对我国股票市场货币政策传导效力的实证研究[J]. 统计研究, 2007, 24(8): 60-63.

[40] 徐涛. 股票市场与货币政策[M]. 上海: 复旦大学出版社, 2008.

[41] 李稻葵, 汪进, 冯俊新. 货币政策须对冲市场情绪: 理论模型和政策模拟[J]. 金融研究, 2009, (6): 1-13.

[42] 谢明旸. 货币政策与股票市场[D]. 复旦大学博士学位论文, 2012.

[43] 杨新松. 中国货币政策的股票市场传导机制研究[M]. 北京: 光明日报出版社, 2012.

[44] 寇明婷. 货币政策调整的股票市场反应: 理论、实证与政策选择[M]. 北京: 经济科学出版社, 2013.

[45] 郑鸣, 倪玉娟, 刘林. 我国货币政策对股票价格的影响——基于 Markov 区制转换 VAR 模型的实证分析[J]. 经济管理, 2010, (11): 7-15.

[46] 周晖. 货币政策、股票资产价格与经济增长[J]. 金融研究, 2010, (2): 91-101.

[47] 李亮. 资产价格波动与货币政策应对——基于结构向量自回归模型的实证分析[J]. 上海经济研究, 2010, (4): 45-56.

[48] 吴国鼎, 韩海容. 中国货币政策与股票横截面收益研究[J]. 金融与经济, 2011, (1): 36-39, 49.

[49] 方舟, 倪玉娟, 庄金良. 货币政策冲击对股票市场流动性的影响——基于 Markov 区制转换 VAR 模型的实证研究[J]. 金融研究, 2011, (7): 43-56.

[50] 杨杨, 龚俊. 股市对货币需求影响的实证分析[J]. 特区经济, 2012, (2): 115-117.

[51] 周怡. 投资者情绪对中国货币政策传导的实证研究[D]. 复旦大学硕士学位论文, 2012.

[52] 胡金焱, 郭峰. 货币政策对股票市场的非对称影响研究——基于不同市场态势的实证分析[J]. 理论学刊, 2012, (8): 35-40.

[53] 王乾乾. 我国货币政策对股票市场的影响分析: 基于马尔可夫区制转换模型[D]. 东北财经大学硕士学位论文, 2012.

[54] 吕鑫. 货币政策对我国股市非对称性影响研究[M]. 北京: 北京理工大学出版社, 2016.

[55] Grossman S J, Stiglitz J E. On the impossibility of informationally efficient markets[J]. American Economic Review, 1980, 70 (3): 393-408.

[56] Shiller R J. Stock prices and social dynamics[J]. Brookings Papers on Economic Activity, 1984, (2): 457-510.

[57] Shiller R J. Exuberant reporting: media and misinformation in the markets[J]. Harvard International Review, 2001, 23 (1): 60-65.

[58] Lakonishok J, Shleifer A, Vishny R W, et al. The structure and performance of the money management industry[J]. Brookings Papers on Economic Activity Microeco, 1992, (2): 339-391.

[59] Lux T. Herd behavior, bubbles, and crashes[J]. Economic Journal, 1995, 105 (431): 881-896.

[60] Barberis N, Shleifer A, Vishny R. A model of investor sentiment[J]. Journal of Financial Economics, 1998, 49 (3): 307-343.

[61] Clarke R G, Statman M. Bullish or bearish?[J]. Financial Analysts Journal, 1998, 54 (3): 63-72.

[62] Fisher K L, Statman M. Investor sentiment and stock returns[J]. Financial Analysts Journal, 2000, 56 (2): 16-23.

[63] Wayne Y L, Christine J X, Daniel I C. Stock market volatility, excess returns, and the role of investor sentiment[J]. Journal of Banking and Finance, 2002, 26 (12): 2277-2299.

[64] Brown G W, Cliff M T. Investor sentiment and the near-term stock market[J]. Journal of Empirical Finance, 2004, 11: 1-27.

[65] Hong H, Kubik J D, Stein J C. Social interaction and stock-market participation[J]. The Journal of Finance, 2004 , 59（1）: 137-163.

[66] Barberis N, Shleifer A, Wurgler J. Comovement[J]. Journal of Financial Economics, 2005, 75: 283-317.

[67] Baker M, Wurgler J. Investor sentiment and the cross-section of stock returns[J]. The Journal of Finance, 2006, 61（4）: 1645-1680.

[68] Yu J, Yuan Y. Investor sentiment and the mean-variance relation[J]. Journal of Financial Economics, 2011, 100（2）: 367-381.

[69] Chen H, Chong T T L, Duan X. A principal-component approach to measuring investor sentiment[J]. Quantitative Finance, 2010, 10（4）: 339-347.

[70] Chen H, Chong T T L , She Y. A principal component approach to measuring investor sentiment in China[J]. Quantitative Finance, 2014, 14（4）: 573-579.

[71] 王美今, 孙建军. 中国股市收益、收益波动与投资者情绪[J]. 经济研究, 2004, （10）: 75-83.

[72] 陈彦斌. 情绪波动和资产价格波动[J]. 经济研究, 2005, （3）: 36-45.

[73] 史永东. 投机泡沫与投资者行为[M]. 北京: 商务印书馆, 2005.

[74] 张强, 杨淑娥. 中国股市横截面收益特征与投资者情绪的实证研究[J]. 系统工程, 2008, （7）: 22-28.

[75] 薛斐. 投资者情绪与投资者行为研究[M]. 上海: 上海财经大学出版社, 2008.

[76] 李新路. 中国股市个体投资者行为实证研究[M]. 北京: 经济科学出版社, 2008.

[77] 李胜利. 机构投资者行为与证券市场波动[M]. 上海: 上海财经大学出版社, 2008.

[78] 曹明. 投资者行为与股票价格表现研究[M]. 长沙: 湖南人民出版社, 2008.

[79] 张强, 杨淑娥. 噪音交易、投资者情绪波动与股票收益[J]. 系统工程理论与实践, 2009, （3）: 40-47.

[80] 孙绍荣. 投资者行为研究[M]. 上海: 复旦大学出版社, 2009.

[81] 杨阳, 万迪昉. 不同市态下投资者情绪与股市收益、收益波动的异化现象——基于上证股市的实证分析[J]. 系统工程, 2010, （1）: 19-23.

[82] 杨春鹏, 淳于松涛, 杨德平, 等. 投资者情绪指数研究综述[J]. 青岛大学学报（自然科学版）, 2007, 20（1）: 86-92.

[83] 宋泽芳, 李元. 投资者情绪与股票特征关系[J]. 系统工程理论与实践, 2012, 32（1）: 27-33.

[84] 黄德龙, 文凤华, 杨晓光. 投资者情绪指数及中国股市的实证[J]. 系统科学与数学, 2009, （1）: 1-13.

[85] 范雯. 投资者情绪对股票收益的影响: 基于中国 A 股市场的研究[D]. 南京理工大学硕士学位论文, 2013.

[86] 张宗新, 王海亮. 投资者情绪、主观信念调整与市场波动[J]. 金融研究, 2013, （4）: 142-155.

[87] 胡昌生, 池阳春. 投资者情绪、资产估值与股票市场波动[J]. 金融研究, 2013, （10）: 181-193.

[88] 谭松涛. 中国机构投资者行为研究[M]. 西安: 西北工业大学出版社, 2014.

[89] Delong J B, Shleifer A, Summers L H, et al. Noise trader risk in financial markets[J]. Journal of Political Economy, 1990, 98(4): 703-738.

[90] Stein J C. Rational capital budgeting in an irrational world[J]. The Journal of Business, 1996, 69(4): 429-455.

[91] 饶育蕾. 行为金融学的意义与应用前景[J]. 管理评论, 2003, (5): 26-29.

[92] Solt M E, Statman M. Good companies, bad stocks[J]. The Journal of Portfolio Management, 1989, 15(4): 39-44.

[93] Brown G W, Cliff M T. Investor sentiment and asset valuation[J]. The Journal of Business, 2005, 78(2): 405-440.

[94] Sanders D R, Irwin S H, Leuthold R M. Noise traders, market sentiment, and futures price behavior[R]. Working Paper, University of Illinois at Urbana Champaign, 1997.

[95] 程昆, 刘仁和. 投资者情绪与股市的互动研究[J]. 上海经济研究, 2005, (11): 86-93.

[96] 饶育蕾, 刘达锋. 行为金融学[M]. 5版. 上海: 上海财经大学出版社, 2003.

[97] 晏艳阳, 蒋恒波, 杨光. 我国投资者情绪与股票收益实证研究[J]. 财经理论与实践, 2010, 31(4): 27-31.

[98] Achelis S B. Technical Analysis from A to Z[M]. New York: Mc Graw-Hill, 1995.

[99] Lee C, Shleifer A, Thaler R. Investor sentiment and the closed-end fund puzzle[J]. The Journal of Finance, 1991, 46(1): 75-109.

[100] Chen N F, Kan R, Miller M H. Are the discounts on closed-end funds a sentiment index?[J]. The Journal of Finance, 1993, 48(2): 795-800.

[101] Miller E M. Risk, uncertainty, and divergence of opinion[J]. The Journal of Finance, 1977, 32(4): 1151-1168.

[102] Baker M, Stein J C. Market liquidity as a sentiment indicator[J]. Journal of Financial Market, 2004, 7(3): 271-299.

[103] 伍燕然, 韩立岩. 不完全理性、投资者情绪与封闭式基金之谜[J]. 经济研究, 2007, 42(3): 117-129.

[104] Baker M, Wurgler J. Investor sentiment and the stock market[J]. Journal of Economic Perspectives, 2007, 21: 129-152.

[105] 蒋玉梅, 王明照. 投资者情绪与股市收益: 总体效应与横截面效应的实证研究[J]. 南开管理评论, 2010, 13(3): 150-160.

[106] Stephen G C. Crisis and responses: the federal reserve in the early stages of the financial crisis[J]. The Journal of Economic Perspectives, 2009, 23(1): 51-75.

[107] 何兴强, 李涛. 不同市场态势下股票市场的非对称反应——基于中国上证股市的实证分析[J]. 金融研究, 2007, (8): 131-140.

[108] Christos I, Alexandras K. The impact of monetary policy on stock prices[J]. Journal of Policy Modeling, 2008, 30(1): 33-53.

[109] Alatiqi S, Fazel S. Can money supply predict stock prices?[J]. Journal for Economic Educators, 2008, 8(2): 54-59.

[110] 陈晓莉. 我国股票价格与货币政策关系的实证分析[J]. 经济理论与经济管理, 2003, (12): 36-40.

[111] McQueen G , Roley V V. Stock prices, news, and business conditions[J]. Review of Financial Studies, 1993, 6 (3): 683-707.

[112] 郭乃锋, 林祝吉, 林昆峰, 等. 情绪因子在货币政策传导过程中扮演的角色——结构因子扩充向量自回归模型之应用[J]. 台湾金融季刊, 2010, 11 (4): 67-103.

[113] 吴晓求, 宋清华, 应展宇. 我国银行信贷资金进入股票市场研究[J]. 管理世界, 2001, (4): 86-95.

[114] Kuttner K N. Monetary policy surprises and interest rates: evidence from the fed funds futures market[J]. Journal of Monetary Economics, 2001, 47 (3): 523-544.

[115] Goldfeld S M, Quandt R E. A markov model for switching regressions[J]. Journal of Econometrics, 1973, 1 (1): 3-15.

[116] Cosslett S R, Lee L F. Serial correlation in latent discrete variable models[J]. Journal of Econometrics, 1985, 27 (1): 79-97.

[117] Hamilton J D. Time Series Analysis[M]. New York: Princeton University Press, 1994.

[118] Krolzig H M. Markov Switching Vector Autoregressions Modelling, Statistical Inference and Application to Business Cycle Analysis[M]. Berlin: Springer, 1997.

[119] 王晓明, 施海松. 资产价格波动形势下货币政策工具的宏观调控效应比较研究[J]. 上海金融, 2008, (11): 5-10.

[120] 孙金丽, 张世英. 具有结构转换的 GARCH 模型及其在中国股市中的应用[J]. 系统工程, 2003, 21 (6): 86-91.

[121] 江孝感, 万蔚. 马尔科夫状态转换 GARCH 模型的波动持续性研究——对估计方法的探讨[J]. 数理统计与管理, 2009, 28 (4): 637-645.

[122] 朱钧钧, 谢识予. 上证综指马尔可夫转换模型的 MCMC 估计和分析[J]. 系统工程, 2010, 28 (4): 9-14.

[123] 赵华, 蔡建文. 基于 MRS-GARCH 模型的中国股市波动率估计与预测[J]. 数理统计与管理, 2011, 30 (5): 912-921.

[124] 朱钧钧, 谢识予. 中国股市波动率的双重不对称性及其解释——基于 MS-TGARCH 模型的 MCMC 估计和分析[J]. 金融研究, 2011, (3): 134-148.

[125] 魏立佳. 机构投资者、股权分置改革与股市波动性——基于 MCMC 估计的 t 分布误差 MS-GARCH 模型[J]. 系统工程理论与实践, 2013, 33 (3): 545-556.

[126] 杨继平, 张春会. 基于马尔可夫状态转换模型的沪深股市波动率的估计[J]. 中国管理科学, 2013, 21 (2): 42-49.

[127] Yohai V J. High breakdown-point and high efficiency robust estimates for regression[J]. The Annals of Statistics, 1987, 15 (2): 642-656.